Aylin Rauh

Es ist mehr als nur ein Gedankenchaos

Rediroma-Verlag

Bibliografische Information der Deutschen Nationalbibliothek:
Die Deutsche Nationalbibliothek verzeichnet diese Publikation in der Deutschen Nationalbibliografie; detaillierte bibliografische Daten sind im Internet über http://portal.dnb.de abrufbar.

ISBN 978-3-98527-751-3

Umschlagillustration: H Art (shutterstock.com)

Instagram: dieses_gedankenchaos_

www.rediroma-verlag.de
8,95 Euro (D)

Aylin Rauh

Es ist mehr als nur ein Gedankenchaos

Inhalt

Vorwort ... 9

So much to say ... 11

Orientierung ... 14

Corona für Teenager (meine Gedanken im zweiten Lockdown) ... 17

Den Horizont erweitern ... 19

Puzzleteile der Gesellschaft ... 21

Sprache ... 23

Journalisten ... 25

Du musst das abhaken ... 29

Drang zum Verdrang ... 32

Playing with my demons ... 35

Warum ein Biergarten und ein Konzert mich zum Nachdenken bringen ... 36

Mera ... 38

Ohne Fokus auf Material ... 41

Eine Reise namens Glück ... 44

Auseinandersetzen, nicht aussetzen ... 48

Message in english ... 50

Mein bisher persönlichstes Kapitel ... 52

An die Vollidioten der Woche (Ein Gedicht anlässlich eines Rassismus-Vorfalls bei einem Fußballspiel 2021) 57

Eingehender Anruf 59

Feminismus aus der Sicht einer 23-Jährigen 63

Schubladen sind die falsche einfache Lösung 66

Ein paar Worte zum Anfang 69

Ella 71

Es war einmal 74

Liebes Leben, ... 77

Gendern 79

Hitzewellen und Illuminaten (ein Text im Sommer 2022) 81

Masken im Gesicht 83

Reflektiert Selektieren 85

Material kauft keine Liebe 87

Dieses Spalten der Gesellschaft 89

Die Gedanken sind frei 91

Religion 92

Gewicht im Spiegel 93

Vergessen 96

Jeder weiß es besser oder nicht 98

Fehlende Worte 101
Zwischen T-Shirts und Teppichen 103
Deeptalks of the year... 106
Der Social Media-Führerschein......................... 107
Wenn ich in deine Augen sehe 109
Nachts im Gedankenchaos 111
Sei wie ein Kind … 114
Koexistieren – kriegen wir das hin? 116
Lost im Kopfkino 120
Die Spuren der Vergangenheit liegen in der heutigen Zukunft 122
Aufstehen... 127
Licht im Dunkeln... 129
Dienstagabend 132

Für meine Geschwister, die für mich das Wichtigste auf dieser Welt sind.

Vorwort

Servus,

vielleicht kennt ihr ja schon mein erstes Buch „Mehr als 12.000 Wörter“, was im Jahr 2021 erschienen ist. Falls ihr es nicht kennt, würde ich euch empfehlen, es zu kaufen, damit ihr meinen Textstil besser kennenlernt und besser versteht, worum es mir bei meinen Büchern geht.

Das Buch, was ihr jetzt in der Hand haltet, hat den schönen Titel „Es ist mehr als nur ein Gedankenchaos“ und soll eine Fortsetzung der Papierblätter sein, die ich bereits veröffentlicht habe. Welche Themen dieses Mal behandelt werden? Nun, seht einfach selbst.

Mit diesem Buch möchte ich Themen ansprechen, die mich beschäftigen und Teil meines alltäglichen Lebens sind. Kaum zu glauben, was im Alltag so alles passiert und was man alles so beobachten kann. Da bin selbst ich überrascht, dass ich mit so vielen Themen noch Seiten füllen kann – wieder was gelernt, würde ich sagen. Oder so gesagt:

Meine Muse ist das Leben, Baby!
Mit allen Höhen und Tiefen, die mich formen und prägen. Herzklopfen, Tränen, Wut, Geschrei und Schmerz. Schallendes Gelächter und das Lächeln

auf meinen Lippen, die meine persönlichen Drogen sind. Geschichten, die bewegen, und Menschen, die ihre Geschichten erzählen. Auch die hässlichen und dunklen Dinge, die mich die schönen Dinge des Lebens zu schätzen wissen lassen. Die Zeiten, in denen ich kämpfe und für Gerechtigkeit schreie, Gefühle auf meiner Zunge tanzen und in Form von Worten in die weite Welt hinausgehen.

Ach Baby, meine Muse ist das Leben.

Außerdem habe ich in den letzten Monaten sehr viele Sachen beobachtet und viel über mich selbst gelernt. Ich habe großartige Menschen kennengelernt und interessante Gespräche geführt, Dinge verarbeitet und mich selbst mit Sachen auseinandergesetzt. Diese Erfahrungen und Beobachtungen möchte ich mit euch teilen. Ich denke, man merkt, dass ich nicht nur gerne Bücher, sondern auch Menschen lese.

So, nun genug vom einleitenden Geschreibe: Ich wünsche euch viel Spaß beim Lesen!

So much to say

Ich hab so much to say, wie jeder vor und neben mir.
Ich hab so much to say, deshalb schreib ich hier.

Eure Glitzer-Blitzer-Insta-Welt hat hier nichts zu suchen.
Dieser Text soll real sein, wenn es sein muss, werde ich fluchen.

Wir legen zu viel Wert drauf, was andere am Körper tragen.
Piercings, Tattoos, Bart, wir haben immer was zum Klagen.
It's important, welchen Schmuck und Schickimicki wir im Schrank haben.
Vorgeschriebene Ideale, wie jeder sein muss.
Ganz ehrlich: Sei, wie du sein willst, und Schluss!

Vorurteile, Schubladendenken wird wie ein Schild gehalten.
Leute, wie wäre es mit Schalter umschalten?
Nachdenken und so wäre auch mal ganz nice,
macht euch euer eigenes Bild und lasst den Scheiß.

Ich hab so much to say, wie jeder vor und neben mir.
Ich hab so much to say, deshalb schreib ich hier.

Was man liebt, wer man ist und woher man kommt,
ist jetzt megawichtig.
Futter für Diskriminierung, finde ich nicht richtig.
Lasst die Leute so sein, wie sie sein wollen,
wenn es euch nicht passt, geht in die Ecke zum Schmollen.

Klimawandel gibts nicht, sagen einige tatsächlich,
Verschmutzungen, Müllinseln und so sind wie Märchen: lächerlich!
Wir hören uns dann, wenn kein Grün mehr da ist
Und das Robbenbaby schreit: „Mama, wo bist?"

Bildungsgrad, Karriere ist ja auch so eine Sache.
Sag einfach: „Dir kann es egal sein, was ich mache."
Wenn du Anwalt werden willst oder Lkw-Fahrer, dann werde es.
Wir sind alle ein kleiner Teil vom Ganzen, checkt es.
Jeder soll seinen Weg gehen, alle leisten ihren Beitrag zum Ganzen, danke dafür, geht euren Schritt.
Mal unter uns: Für mich sind Taxifahrer einfach nur der Hit!

Ich hab so much to say, weil vieles nicht in Ordnung ist.

Macht die Augen auf und schaut euch an diesen Mist.
Nicht nur humanity, solidarity und empathy brauchen wir sehr,
we need changes, immer mehr, immer mehr.
Gilt auch für die Menschen, die ganz oben stehen,
lasst bitte endlich etwas geschehen.

Orientierung

Wer bin ich?
Was will ich später machen?
Was will ich überhaupt?
Wo soll ich hin?

Gerade in der Pubertät beginnt man so langsam, sich mit solchen Fragen zu beschäftigen. Mit Fragen, die dein restliches Leben bestimmen und kennzeichnen. Mit Fragen, die man so schnell wie möglich beantworten will – oder laut dem Umfeld so schnell wie möglich beantworten sollte.

Ich befinde mich frisch in meinen 20ern und mir ist eine Sache klar geworden: Allgemein ist das Erwachsenwerden nicht einfach. Man hat mit sich selbst zu kämpfen. Viele Wege ebnen sich. Und manchmal sieht man den Wald vor lauter Bäumen nicht. Man muss schwierige Entscheidungen treffen und ist überfordert. Was nicht bedeutet, dass man dem Bild von anderen Menschen entsprechen oder Ansichten erfüllen muss. Warum sollte man sich verstellen, nur damit man nicht aneckt? Schade ist nur dabei, dass Menschen schnell andere Menschen verurteilen, sobald man auffällt. Und dann den Druck verspürt, sich anpassen zu müssen – aber macht das bloß nicht! Wenn du zum Beispiel keine

Lust auf Partys hast und gerne deine Zeit zu Hause verbringst, dann geh nicht auf Partys.

Vielmehr sollte man das tun, was einen glücklich macht, denn wir haben nur das eine Leben. Du sollst das Leben leben, solange du noch jung bist – was erleben. Aber was bedeutet, sein Leben „richtig" zu leben? Da hat jeder eine andere Sichtweise.

Vor allem als Teenager hat man doch selbst keinen Plan vom Leben. Keinen Plan, was man will. Keinen Plan, wohin die Reise des Lebens geht. Hormone spielen verrückt. Man lernt sich selbst neu kennen, entdeckt neue Seiten an sich, probiert sich aus, fällt auf die Schnauze, macht Fehler. Und dann noch Druck von außen? Keine gute Idee!

Es ist nicht so einfach, diese Orientierung, dieses Erwachsenwerden.
Dieses wer will ich sein und was will ich werden.
Dieses wer bin ich und was will ich im Leben,
was will ich nicht und was will ich erleben.
Wo will ich hin und all diese Fragen,
diese Verantwortungen, die ich muss tragen.
Diese Orientierung, die man verzweifelt sucht,
beim Scheitern innerlich flucht.
Momente, wo man sich denkt, my life is a mess.
Erwachsenwerden ist kein leichter Prozess.

Gerade die älteren Menschen sollten der jüngeren Altersgruppe bei der Orientierungssuche helfen und sie bei der Reise unterstützen. Es ist wichtig, zu zeigen: „Hey, ich helfe dir bei der Orientierung. Ich zeige dir Möglichkeiten und Türen, die du durchschreiten kannst.“ Und nicht: „Du musst das unbedingt machen. Entscheide dich sofort, was du vom Leben willst.“

Es ist die Aufgabe der älteren, den jüngeren Menschen bei der Orientierung zu helfen und als Stütze für sie da zu sein, wenn sie beginnen, in die weite Welt zu fliegen. Egal, ob es Schule, Arbeit oder irgendwas anderes ist. Orientierung ist ein wichtiger Punkt im Leben. Aber dann Druck ausüben? Ich weiß ja nicht …

Gerade als Teenager versucht man doch, zu sich selbst zu finden. Es ist nicht einfach. Es gibt Tage, da ist man gut drauf, und dann gibt es Tage, wo man einfach nur down ist – ohne zu wissen, was mit einem gerade geschieht. Es gibt Tage, da will man sich die Haare lila färben und dann gibt es Tage, da will man doch lieber die braunen Haare lassen. Es ist nicht einfach.

Aber dann Druck ausüben? Ich weiß nicht …

Corona für Teenager (meine Gedanken im zweiten Lockdown)

Wenn ich daran zurückdenke, was ich als Teenager alles erlebt und angestellt habe, muss ich echt grinsen. Ich habe es meinen Eltern nicht wirklich einfach gemacht, aber ich hatte eine schöne Zeit als Teenie. Partys, Freunde treffen, Urlaub und noch vieles mehr. Vergleiche ich meine Teenagerzeit mit der von den jetzigen Jugendlichen, so kann ich sagen: Es tut mir echt im Herzen weh.

Das Bedürfnis, sich auszuleben, aber es nicht zu dürfen.

Das Bedürfnis, sich mit Freunden zu treffen, aber Abstand halten zu müssen.

Das Bedürfnis, Leute kennenzulernen, aber es nicht zu können.

Das Bedürfnis, sich am Pausenverkauf ein Getränk zu kaufen, aber es nicht zu können.

Natürlich darf man nicht vergessen, dass wir immer eine Pandemie haben, aber denkt keiner an die Jugendlichen?

Natürlich ist es gut, dass die Älteren und Risikopatienten an erster Stelle stehen, aber was ist mit der Zukunft von morgen?

Ich rede nicht von meiner Altersgruppe. Ich denke, dass wir in einem Alter sind, wo wir mit dem Thema einigermaßen gut umgehen können. Der eine mehr, der andere weniger.

Ich frage mich wirklich, wann sich die Jugendlichen endlich ausleben können, so wie es Teenager halt tun. Und damit rede ich nicht von Alkoholeskapaden oder sonstigem. Ich rede vom menschlichen Ausleben, von Menschen kennenlernen, sich zu verlieben, den ersten Liebeskummer oder den ersten Freund / die erste Freundin zu haben.

Wann ist dieses Irgendwann?

Es ist auch nicht verwunderlich, dass sich die ganzen Teenager an einem Sport- oder Marktplatz treffen, obwohl im Zehn-Minuten-Takt die Polizei vorbeifährt. Was sollen die Jugendlichen sonst anderes machen? Ob es richtig ist, sei dahingestellt. Aber mich wundert es tatsächlich nicht.

Den Horizont erweitern

In der vergangenen Zeit habe ich sehr oft den Satz gehört: „Man muss seinen Horizont erweitern.“ Wenn ich das gehört habe, hatte ich das Bild von zwei großen Händen im Kopf, die einen Horizont in die Länge oder Breite ziehen – oder den Horizont weiter nach hinten versetzen, damit sich die Position ändert. Irgendwie komisch, dieses Bild, was ich im Kopf habe. Aber je mehr ich mich mit diesem Satz auseinandergesetzt habe, desto mehr bin ich zu der Meinung gekommen: Man sollte seinen Horizont auf jeden Fall erweitern. Aber wie macht man das?

Zugegeben, ich habe keine wirkliche Antwort auf die Frage, aber ich würde mit diesem Text einfach meine Gedanken festhalten.

Ich finde, dass Offenheit und Wille eine große Rolle dabei spielen, wenn man seinen Horizont erweitern will. Wie soll denn so was auch funktionieren, wenn man keine Lust darauf hat? Auf Druck und krampfhaft seinen Horizont erweitern? Meeeh, Fehlanzeige. Das hat noch nie funktioniert und das wird es auch nie. Man muss es wirklich wollen. Einfach raus aus der bequemen Komfortzone.

Und dann noch diese Offenheit. Offen für was Neues, offen für das Unbekannte, für das Fremde, für neue Wege – oder auch offen für sich selbst. Neue Seiten an sich entdecken, seinen

Meinungshorizont erweitern, sich bilden, neue Sachen erleben, neue Menschen kennenlernen. Einfach offen für das unbekannte Fremde sein. Als würde man in einen See springen, ohne zu wissen, was sich darunter befindet. Entweder man gelangt mit Leichtigkeit wieder an die Oberfläche oder man tut sich schwer damit. Aber das weiß man ja eben nicht. Sollte man sich deswegen von dem fehlenden Wissen, von diesem Ungewissen, selbst bremsen? Ich finde, nicht. Denn solange man die Bremse gedrückt hält, nur weil man unsicher ist, Angst hat oder nicht aus der Komfortzone raus möchte, kommt man nie weiter im Leben. Also springt einfach in den See oder lasst die Bremse einfach mal los. Egal, wie es ausgeht.

Puzzleteile der Gesellschaft

Ich finde, Menschen sind wie Puzzleteile. Gemeinsam ergeben wir ein Gesamtbild. Das Gesamtbild ist die Welt, so, wie sie aktuell steht. Was aktuell passiert, was sich bewegt, die Menschen, die zurzeit auf der Erde leben. Handlungen, Prozesse, Entscheidungen, Schritte, Spuren, die wir hinterlassen. Alles ist Teil von etwas Ganzem. So wie bei einem Puzzle.

Interessant ist doch, dass manche Menschen nicht das Gefühl haben, teil von etwas Ganzem zu sein. Oder das Gefühl vermittelt bekommen. Oder das Gefühl anderen Menschen vermitteln. Und das verstehe ich nicht.

Ich verstehe nicht, warum man nicht als Teil vom Ganzen betrachtet wird, nur weil man „anders“ ist.

Ich verstehe nicht, warum man einem Ideal entsprechen muss, nur, damit man als Teil vom Ganzen akzeptiert wird.

Ich verstehe nicht, warum man heutzutage noch Kriterien entsprechen oder erfüllen muss – nur, um angenommen zu werden.

Ich verstehe nicht, warum man ausgeschlossen wird, nur weil man kein Standard ist.

Das sind nur wenige Punkte, die Liste könnte ich ewig weiterführen. Ich verstehe nicht, warum

Menschen es einfach nicht zu schätzen wissen, dass unsere Welt so bunt ist. Dass nicht jeder gleich ist. Dass jeder auf seine Art und Weise dazu beiträgt, das große Ganze zu vervollständigen. Stattdessen gehen Menschen auf Menschen los wegen Gründen, die eigentlich gar keine Gründe sind – oder sein sollten. Hautfarbe, sexuelle Orientierung, Herkunft, Religion und so weiter. Punkte, die dafür sorgen, dass wir in Kultur und Vielfalt leben. Und wir haben nichts Besseres zu tun, als uns deswegen zu bekriegen und dafür zu sorgen, dass das Puzzle niemals vollendet wird. Wir Menschen sind alle unterschiedlich, aber sind gleich viel wert. Es sind nämlich nur Schicksal und Zeitpunkt, die uns voneinander unterscheiden.

Ich frage mich wirklich, wo dieses Wertschätzen geblieben ist. Ist es verloren gegangen. Oder war es nie da?

Sprache

Sprache. Sprachen.
Wort. Worte. Wörter.
Satz. Sätze. Satzball. Satzzeichen.
Grammatik. Rechtschreibung. Aussprache.
Sprache zum Reden.
Sprache zum Verständigen. Sprache zur Verständigung.
Sprache zum Ausdrücken. Sprache zum Ausdruck.
Und dennoch verstehen Menschen die Menschen nicht.

Sprache. Sprachen.
Italienisch. Deutsch. Türkisch. Persisch. Arabisch.
Polnisch. Komisch.
Muttersprache. Fremdsprache.
Sprache zum Lernen.
Und dennoch verstehen Menschen die Menschen nicht.

Kommunikation.
Methoden. Modelle. Verfahren.
Kommunikationskompetenzen.
Kommunikationstheorien.
Kommunikationswissenschaften.
Und dennoch verstehen Menschen die Menschen nicht.

Laute Sprache. Leise Sprache.
Einfache Sprache. Schwere Sprache.
Laute. Ausdruck. Formulierung. Formulierungen.
Und dennoch verstehen Menschen die Menschen nicht.

Journalisten

Anmerkung: Mit diesen Beobachtungen pauschalisiere ich nicht alle Journalisten! Es geht um manche Ausnahmen, die ich anspreche, und es ist meine persönliche Meinung, zu der ich, als angehende Journalistin, stehe.

Schon seit der 7. Klasse wollte ich unbedingt Journalistin werden. Für mich waren Journalisten schon immer Geschichtenerzähler. Egal, ob es sich um eine Meldung oder investigative Berichterstattung handelte. Dieses Recherchieren, auf den Grund gehen, aufdecken, veröffentlichen, informieren, Menschen zum Nachdenken anregen – wer möchte bitte nicht solch einen Einfluss haben? Und wer könnte das besser als Journalisten?

Ein Dozent sagte einst zu uns: „Ihre Aufgabe als Journalist ist es, Sachverhalte so darzustellen, wie sie sind. Mehr nicht. Vermischen Sie das bloß mit nix anderem."

Ich habe diese Aussage während meines Studiums auf viele Berichterstattungen bezogen und bin zu dem Entschluss gekommen, dass sich „neutral berichten", „persönliche Meinung" und „dezente Übertreibungen" um einiges vermischt haben. Von Clickbait-Überschriften und anonymen Insider-Aussagen ganz zu schweigen. Viele Journalisten haben sich dieser Mischung angenommen und präsentieren dies nahezu auf einem glänzenden Silbertablett. Aber ist diese Mischung gerade in dieser Zeit richtig?

Nein, ich finde, nicht. Seit dem ersten Semester wurde uns vermittelt, dass Journalisten Vermittler zwischen Staat und Bürger sind. Zwischen Politikern und der Gesellschaft. Dass sie dafür verantwortlich sind, Dinge neutral und wahrheitsgemäß darzustellen. Eine Berichterstattung über relevante Themen mit Fakten und seriösen Quellen. Seit meiner Beobachtung frage ich mich, ob sich manche Journalisten, gerade in dieser Zeit, darüber im Klaren sind, welche Position sie eigentlich haben. Gerade in einer Zeit, wo gefühlt jeder (Fake)News veröffentlichen und jedem seine eigene Meinung aufdrücken kann. Gerade in einer Zeit, wo fast jeder Mensch die Möglichkeit hat, seine Sichtweise mit der Öffentlichkeit zu teilen und man durch die Mischung aus Tausenden Meinungen und Fake News die Orientierung verliert und es sowieso schon schwierig ist, sich zu orientieren. Gerade in Zeiten der Digitalisierung, wo alles mobiler und schneller wird, mehr online stattfindet. Gerade in einer Zeit, wo viele Menschen mit wenig Ahnung so viel Meinung haben und diese innerhalb von zwei Minuten mit der halben Welt teilen können.

Dennoch gibt es immer noch den Qualitätsjournalismus, das ist klar. Es wäre falsch, jeden Journalisten in eine Schublade zu stecken, deshalb die

Anmerkung unter der Überschrift. Und es ist wichtig, dass wir uns weiterhin darauf konzentrieren. Investigative Berichterstattung, Reportagen, Artikel, die einfach den Zweck erfüllen zu informieren und unterbewusst zum Nachdenken anregen. Ohne, dass man Menschen seine Meinung offensichtlich aufdrängt. Aber es ist der „Fake-Journalismus", der gefährlich wird. Russland-Propaganda, Beiträge, die Panik verbreiten, Fake-News beinhalten oder Tatsachen verdrehen. WENN man Menschen seine Meinung aufdrängt und sagt „Du musst so denken und das so machen". Auch der Grad zwischen „Ich schreibe darüber, weil es relevant ist" und „Ich schreibe nur wegen dem Geld darüber" ist sehr schmal geworden. Wie geht es in den nächsten Jahren weiter? Wird es schlimmer? Ich kann eines sagen: Wenn diese Entwicklung so weitergeht, haben wir ein gewaltiges Problem. Weil der „Fake-Journalismus" an Oberhand gewinnt und das darf nicht passieren.

Jetzt könnte jemand sagen: „In deinen Büchern bist du sehr kritisch und vermischt auch teilweise dein Schriftliches, oder generell deinen Content, mit deiner persönlichen Meinung."

Und darauf habe ich folgende Antwort: Ja, das stimmt. Allerdings trenne ich Journalismus ganz klar von meiner Rolle als Autorin. Mit meinen Büchern möchte ich mich austoben und das ergänzen, was ich als angehende Journalistin nicht machen sollte. Wer schreibt denn bitte eine Reportage als Gedicht?

Für mich gehört der Job als Journalist zu einem der kritisiertesten Berufe. Als Journalist ist man immer das Arschloch der Nation und kann es nie allen recht machen. Natürlich ist es vielleicht nicht immer einfach, neutral zu berichten. Vielleicht haben viele den Drang, gehört zu werden. Gerade weil es jetzt einfach jeder Mensch kann.

Auch wenn man sich heutzutage als Journalist leichter einen Shitstorm und negative Kritik einfangen kann, sich manche dadurch einschüchtern lassen oder über heikle Themen nicht mehr berichten wollen, so braucht unsere Gesellschaft Journalisten. Jeder kritisiert den Journalismus, aber jede Person will den Journalismus besitzen. Man muss die Realität so darstellen, wie sie ist – Punkt. Unparteiisch. Neutral. Objektiv. Real. Echt. Medien spielen eben eine große Rolle, haben Einfluss und Macht. Und darüber muss man sich bewusst sein.

Egal, ob Print oder online. Wir brauchen die Medien und wir brauchen Journalisten, die neutral berichten, aufklären und informieren. Und das mit Fakten.

Und es liegt an uns, an den angehenden Journalisten, sich den Menschen, die sich über ihre Position bewusst sind, anzuschließen und dem nachzugehen.

Du musst das abhaken

Wie schon bekannt, weiß man nie so wirklich, was im Leben passiert. Es kann mal alles gut laufen für Monate, Jahre, Tage und dann auf einmal tritt ein Schicksalsschlag ein wie ein Meteorit die Erdatmosphäre. Und dann muss man sich auf einmal mit einer Achterbahnfahrt von Gefühlen auseinandersetzen. Alles steht Kopf und man weiß nicht so wirklich, was mit einem geschieht. Das ist völlig in Ordnung und man sollte sich auch nicht vor diesem Auseinandersetzen drücken. Ein Herunterschlucken von Gefühlen ist nie richtig, sonst bricht der Mensch irgendwann zusammen wie ein Kartenhaus. Natürlich, das Leben geht weiter und man sollte sich durch solche Ereignisse niemals unterkriegen lassen und seine Orientierung aus den Augen verlieren. Denn das Leben geht weiter – wie man so schön sagt.

Aber dennoch verstehe ich nicht, dass es viele Menschen gibt, die als Aufmunterung oder Ratschlag sagen: „Du musst das abhaken.“ So einfach von heute auf morgen. Als wäre nie etwas passiert, einfach so tun, als wäre nichts gewesen. Und an diese Menschen habe ich einen gut gemeinten Rat.

Menschen, die Schicksalsschläge erleben, wissen ganz genau, dass das Leben weitergehen muss. Dass das Leben nicht stehen bleibt und man sich nicht unterkriegen lassen darf. Aber dürfen solche

Menschen sich nicht wenigstens für einen gewissen Zeitraum mit sich selbst auseinandersetzen?

Warum wird verlangt, dass die Menschen so tun müssen, als wäre nie was gewesen?

Warum dürfen solche Menschen nicht ihre Gefühle und Emotionen rauslassen, mal nicht stark sein und sich mal ausweinen, sauer sein?

Warum dürfen sich solche Menschen nicht mit sich selbst befassen, mal kurz verinnerlichen, was mit einem passiert und den Schicksalsschlag reflektieren?

Einfach eine Balance finden zwischen „mit dem Leben weitermachen“ UND „sich mit der Situation, der Achterbahnfahrt der Gefühle und mit sich selbst auseinanderzusetzen“?

Solche Situationen sollten idealerweise niemals den restlichen Lebenslauf beeinflussen. Also im Sinne von Unmotivation, keinen Lebenssinn mehr sehen, einfach in ein Loch fallen und so weiter. Ich glaube, man weiß, was ich meine.

Aber gerade weil so was nicht passieren soll, müssen sich solche Menschen intensiv auseinandersetzen. Und das auch dürfen. Und nicht vom Umfeld den Druck verspürt bekommen, dass man der/die Starke sein muss. Auch wenn man sich emotional nicht in die Situation hineinversetzen kann, kann man trotzdem bisschen Empathie und Verständnis zeigen.

In meinen Augen ist es einfach so, dass Körper und Geist sehr stark miteinander verbunden sind – und immer im Gleichgewicht zueinander stehen. Tanzt entweder Körper oder der Geist aus der Reihe, stimmt die Balance nicht.

Mein Rat ist einfach – egal, ob der Betroffene der/die Partner/in, ein/e Freund/in oder Familienmitglied ist: Seid einfach eine Stütze und gebt ihnen das Gefühl, dass es in Ordnung ist, mal zu weinen oder einfach mal die Gefühle rauszulassen. Helft ihnen einfach bei dieser Balance.

Weil erst dann können sie das abhaken.

Drang zum Verdrang

Jeder Mensch hat doch bestimmt die ein oder andere Sache in seinem Leben gesehen und erlebt. Viele positive und schöne Sachen, Momente und Augenblicke, an die man gerne zurückdenkt. Allerdings gibt es auch eher unschöne Sachen, Momente und Augenblicke, an die man nicht gerne zurückdenkt. Ecken, zu denen man gar nicht mehr hinmöchte. Da hat der Mensch den Drang zum Verdrang. Ich kenne viele Menschen, die diese Art von Drang haben. Kein Wunder, wer denkt denn schön gerne an unschöne Sachen? An Dinge, die einen belasten oder die man nicht verarbeiten will – weil es sich wie eine große Hürde anfühlt? Manchmal verdrängt der Mensch sogar sich selbst.

Dennoch weiß ich aus eigener Erfahrung, dass Verdrängen keine Option ist. Für den einen Moment ist es die einfachste Möglichkeit, man gibt sich dem Drang zum Verdrängen hin. Und versucht, diesen Drang aufrechtzuerhalten. Bei dem einen durch Alkohol, der andere hat halt als Ventil Partys oder Frustessen. Dazu könnte ich eine ganze Liste schreiben. Aber ist es wirklich eine Lösung? Für den Moment ja – auf Dauer nicht.

Solchen Sachen muss man sich stellen, egal, wie schwer dieser Schritt auch sein mag. Denn dieser Drang wird irgendwann größer und ich glaube nicht, dass der Mensch in der Lage ist, den Drang für den Rest seines Lebens aufrechtzuerhalten – zumindest, bis es zu spät ist.

Der Drang zum Verdrang. Woher das nur kommen mag? Ich kann es nicht sagen. Vielleicht möchte der Mensch von Natur aus keine Schwäche zeigen, sondern seine starke Seite zum Vorschein bringen. Aber es ist stark, wenn man sich mit Gefühlen auseinandersetzen kann? Vielleicht möchte der Mensch einfach nicht in den dunklen Ecken herumwühlen. Oder vielleicht liegt es am eigenen Umfeld. Vielleicht will der Mensch sich auch einfach anpassen.

Ich denke, es ist hilfreich, das Leben beziehungsweise das Erlebte wie einen Haufen Kleider zu betrachten. Schließlich nimmt man beim Ausmisten auch zuerst die Kleidungsstücke in die Hand und betrachtet sie, schaut sie an, bevor man entscheidet, es wegzuräumen oder zur Altkleidersammlung zu bringen (was ich übrigens jedem ans Herz lege).

Wie unüberlegt wäre es denn, wenn man diesen Schritt auslassen würde?

Und ich finde, so was Ähnliches sollte man auch mit seelischen Baustellen, inneren Verletzungen tun. Man sollte sie in die Hand nehmen, sie genauer betrachten. Und erst dann, wenn man mit dem Prozess des Betrachtens fertig ist, kann man diese „entsorgen". Dieser Prozess kann in unterschiedlichen Formen auftreten: Therapie, Gespräche mit Freunden, dem Zulassen von Emotionen und Gefühlen, die man mit solchen Momenten verbindet. Hauptsache, der Drang zum Verdrang wird nicht zum Sieger. Denn es ist nie zu spät, einen anderen Weg einzuschlagen. Einen Weg zur seelischen Ausgeglichenheit. Einen Weg zum Seelenfrieden. Einen Weg zu sich selbst.

Playing with my demons

Hier eines meiner wenigen Gedichte auf Englisch, womit ich sagen will: Jeder Mensch hat seine Geschichte und seine Dämonen/Päckchen zu tragen. Also urteilt nicht so schnell über andere.

People are meeting in the city tonight,
having a good time in bars and candlelight.
I can see them from the darkness and from afar,
They are so unattainable, the atmosphere is tempting like gold in a jar.
I want to reach them more than never before,
but this is a feeling I have to ignore.
Because I have company every night,
like today but without candlelight.
Playing with my demons no matter what,
this is my destiny, this is my squad.
The darkness is coming everytime and they want to have what is mine.
I feel the blank so strong in body and mind,
my faithful companion, cold and kind.
Playing with my demons, they don‘t care,
a situation I can‘t share.
People wouldn‘t understand this, so I‘m going home tonight and playing with my demons without candlelight.

Warum ein Biergarten und ein Konzert mich zum Nachdenken bringen

Ein Biergarten-Besuch im Sommer ist doch echt was Feines. Sei es mit Familie oder mit der Freundesgruppe. Du sitzt bei schönem Wetter draußen, orgelst dir paar Bierchen rein oder ein eiskaltes Spezi. Dazu noch leckeres bayerisches Essen und der Tag könnte perfekter nicht sein.

Mit dieser Einstellung habe ich im Mai auch einen Biergarten besucht. Nachdem ich mein Essen und das verdiente Bier bei der äußerst freundlichen Bedienung bestellt hatte, schweifte ich gedanklich kurz weg und beobachtete meine Umgebung. Neben den süßesten Hunden der Welt sah ich an jedem Tisch eine Gruppe Menschen. Jedes Geschlecht. Jede Körpergröße. Jedes Körpergewicht. Jede Nationalität. Jede Hautfarbe. Jede Haarfarbe. Alles und jeder war vertreten. Alle redeten, lachten, aßen und stießen gemeinsam auf das Leben an.

Im selben Monat war ich mit meiner Freundin in München auf einem Konzert. Eine spanische Band, die an diesem Abend die Münchner Herzen und Wände zum Beben bringen wollte. Eine große Gruppe an Menschen, die eine Leidenschaft zusammenbrachte, die gemeinsam eine Band feiern wollten und ausgelassen bei jedem Lied mitsangen. Als ich draußen kurz beim Rauchen stand, lernte ich ein

Mädchen kennen (die coolsten und besten Gespräche hatte ich meistens beim Rauchen). Wir kamen ins Gespräch und sie fragte mich, ob ich auch bei der Punkrock-Band sei, die gegenüber im anderen Bereich spielte. Sie fragte mich, ob ich eine Karte von ihr haben wollte, weil sie eine zu viel hatte. Sie fragte mich, ob ich mit zu ihr und ihren Freunden kommen wollte. Als ich sagte, dass ich meine andere Freundin nicht alleine lassen könne, drückte sie mir die Karte in die Hand und sagte mir, dass ich jederzeit dazustoßen könne und sie mir die Karte schenken würde.

Nachdem die spanische Band fertig war und ich ein Gespräch mit dem coolsten Türsteher der Welt hatte, ging ich in die Halle der Punkrock-Band – und tauchte in eine komplett andere Welt ein. Die Musik, die Leute, die Stimmung, alles war anders. Aber eine Sache war gleich: Eine große Gruppe an Menschen, die eine Leidenschaft zusammenbrachte. Die gemeinsam eine Band feiern wollten und ausgelassen bei jedem Lied mitsangen.

Die Frage, die ich mir nach diesen beiden Abenden nun stelle, ist: Wenn Menschen, laut meiner Beobachtungen, es hinbekommen, in Biergärten und auf Konzerten andere nicht auf Aussehen, Geschlecht, Hautfarbe oder Herkunft zu reduzieren – leben und andere leben lassen – warum können wir das dann nicht immer?

Mera

Es ist ein ganz normaler Tag, so wie jeder andere. Mera steht auf. Macht sich für die Schule fertig. Frühstückt. Verabschiedet sich von ihren Eltern. Geht aus dem Haus. Routine und nichts als Routine. Ihre schwarzen Schuhe berühren den trockenen Asphalt, Schritt für Schritt nähert sich Mera dem Schulgebäude. Der Rucksack, den sie von ihren Eltern zum Geburtstag bekommen hat, ist gefüllt mit den schweren Büchern und Heften. Eine Last, die sie seit Jahren auf ihren Schultern schleppt. Aber sie hat sich schon daran gewöhnt. So wie an das schwere Bauchgefühl, welches sie seit Monaten mit sich trägt. Ihr treuer Begleiter sozusagen. Mulmig. Belastend. Ein Gefühl, dass sie nicht mehr loswird.

In Gedanken versunken versucht sich Mera die Frage zu beantworten, welcher Spruch ihr heute an den Kopf geworfen wird. Welchen Spruch ihre Schulkameraden heute loslassen. Welcher Spruch heute über deren Lippen kommen wird. Warum sie es auf Mera abgesehen haben wie ein Löwe auf seine Beute, weiß sie bis heute nicht.

Ratlos und mit dem schweren Bauchgefühl im Gepäck macht sich Mera weiter auf den Weg zur Schule. Ein Ort, wo eigentlich Unterricht und Noten im Fokus stehen sollten. Ein Ort voller Orientierung und Witze mit den Schulkameraden. Vielleicht war es nur eine Wunschvorstellung, von der sie träumte. Oder war es doch kein Traum?

Mera denkt an gestern. Voller Stolz betrat sie den großen Pausenhof in ihrem neuen blauen Kleid. Strahlend blau wie der Himmel. Es war ein sonniger Tag, wie er im Bilderbuch stand. Mit der Vorstellung, heute keinen schmerzenden Spruch abzubekommen, ging Mera an ihren Schulkameraden vorbei. Gelächter und Tausende Stimmen drangen in ihre Ohren. Dann passierte es. Die Hoffnung, nicht im Mittelpunkt zu stehen, wurde zunichtegemacht. Der Spruch „Heute schon mal in den Spiegel geschaut?“ war aus der Menschenmenge unüberhörbar. Gekicher, Gegröle und abwertende Blicke. Teil des Spiels, so wie jeden Tag. Der letzte Funken Hoffnung wurde zerstört. Als hätte jemand einen großen Stein gegen einen Spiegel geworfen und ihn in tausend kleine Scherben zerbrochen. Dieses Gefühl durchströmte Meras ganzen Körper. Vom Scheitel bis zur Sohle. Wie von einer Fernbedienung gesteuert rannte sie ins Schulgebäude. Ihre Beine trugen sie aufs Mädchenklo, wo ihr heiße Tränen über das Gesicht kullerten. Ihre Hände umfassten das kalte Waschbecken. Sie zitterte. Nachdem keine Träne mehr aus ihr rauskommen konnte, öffnete sie die Augen. Ihr Blick war auf den Spiegel gerichtet, der mit trockenen Wassertropfen geschmückt war. Das Einzige, was sie wahrnehmen konnte, war ihr nasses Gesicht und die Leere in ihren Augen. Die Verzweiflung, die Angst und Hoffnungslosigkeit, die sie jeden Tag spürte. Sie drangen nach außen und spiegelten sich wider. Was sahen die anderen, was Mera nicht sah? Obwohl sie sich vor dem Schulweg im Spiegel betrachtet hatte, wagte sie einen erneuten Blick. Als sich Mera genauer betrachtete, sah sie nur ein ganz normales Mädchen. Ein Mädchen, das dazugehören wollte. Ein Mädchen, das wieder lachen und keine dummen Sprüche hören wollte. Ein Mädchen mit zerstörter Hoffnung in einem himmelblauen Kleid. Ein Mädchen, das Antworten wollte. Mera sah ein Mädchen mit Verzweiflung und Leere, das sich in einem Teufelskreis befand. Ein Teufelskreis ohne Notausgang.

Mera holte tief Luft. Wischte sich die vertrockneten Tränen weg. Ohne auch nur einen winzigen Blick in den Spiegel zu werfen, griff sie zur Tür – als jemand die linke Klokabine öffnete. Blonde Locken und bernsteinfarben Augen standen wie ein Engel vor ihr. Wieder spürte Mera das schmerzende Bauchgefühl. Auf einen weiteren Spruch eingestellt versuchte sie, sich nicht zu bewegen, und starrte einfach in die wunderschönen Augen. Der Mund öffnete sich. Formte sich zu etwas, was Mera seit Ewigkeiten nicht mehr gesehen hatte. Ein Lächeln.

„Ein schönes Kleid hast du da an!“, sagte das Lächeln.

Ohne Fokus auf Material

Zwischenwelten. Andere Welten. Welten, von denen man träumt und in denen man gedankenverloren seine eigenen Geschichten ausmalen kann. Für viele Menschen sind Zwischenwelten ein Zufluchtsort, eine Art Notausgang – fernab von der Realität. Eine Welt, bestehend aus den wunderschönsten Fabelwesen, Plätzen, Magie und Abenteuern. Ein Ort, bestehend aus den coolsten Charakteren. Charaktere, mit denen man die schönsten Momente erlebt oder Monster bekämpft. Einfach seiner eigenen Fantasie freien Lauf lassen kann. Dabei hat jeder Mensch seine eigene kleine Welt und eigene Gründe, weswegen er diesen Ort erschaffen hat. So wie ich mit meiner Welt.

Meine Zwischenwelt. Meine eigene Welt. Bestehend aus Menschen, die Menschen auf das Menschsein reduzieren. Menschen, die Menschen nicht wegen ihrer Herkunft, ihrem Geschlecht oder ihrer sexuellen Orientierung verurteilen.

Eine Welt, die sich nicht darauf bezieht, das Umfeld auf den Kontostand zu reduzieren.

Einfach eine Welt mit dem Fokus auf das Menschsein und auf Charakter, Stärke, gemeinsame Momente.

Ein Ort, wo Oberflächlichkeit und materialistisches Denken ein Fremdwort ist.

Eine Zwischenwelt, in der Träumen erlaubt ist und Menschen keinen Blick auf Geld, Lebensversicherungen oder das Auto in der Einfahrt werfen. Wo Menschen nicht darauf reduziert werden, ob sie einen Porsche oder einen gebrauchten Golf fahren. Wo es egal ist, dass Menschen keine Markenklamotten im Kleiderschrank haben, gerade weil es ihnen egal ist und es ihnen mehr darum geht, dass sich der Mensch in den Kleidern geborgen und wohl fühlt. Dass Kleider den Menschen warmhalten. Menschen, die einfach die Funktion von Kleidern zu schätzen wissen – wenn man bedenkt, dass in vielen Ländern Menschen keine Möglichkeit haben, um sich ein T-Shirt zu leisten.

In meiner Zwischenwelt gibt es keinen Fokus auf materielle Dinge, keinen Fokus auf Geld, Marken oder andere materielle Gegenstände. Der Mensch wirft lieber ein Auge auf die inneren Werte seines Umfelds, genießt jeden Atemzug mit seinen Lieblingsmenschen und spürt jeden Tag das Gefühl der Wertschätzung.

Wertschätzung darüber, Menschen um sich zu haben, die einen lieben und akzeptieren so, wie man ist.

Wertschätzung darüber, Menschen um sich zu haben, die sich mit einem freuen, wenn man Erfolge feiert und Ziele erreicht. Wenn man die große Liebe gefunden hat und sie seinem Umfeld vorstellen will.

Wenn man ein tolles Jobangebot erhalten hat und auf das Leben anstößt.

Wertschätzung darüber, Menschen um sich zu haben, die einen in schlechten Zeiten auffangen und jemandem immer ein offenes Ohr schenken.

In meiner kleinen Welt geht es darum, Menschen um sich zu haben, die einem guttun und nicht runterziehen, niedermachen. Es geht einzig und allein um den Charakter, um die inneren Werte, um die Größe des Herzens und des Verstandes. In dieser Welt gibt es keinen Neid, sondern Gönnen und Freude werden großgeschrieben.

In meiner kleinen Welt gibt es keinen Fokus auf Material. Sondern einfach auf den Menschen an sich.

Eine Reise namens Glück

Was würde wohl rauskommen, wenn man auf die Straße geht und Passanten nach der Definition von Glück fragt? Oder ihnen die Frage stellt, was sie glücklich macht? Es würde sich eine Vielzahl an unterschiedlichen Antworten bilden, ohne dass eine Art Schnittmenge entsteht. Denn so, wie die Welt aus einer bunten Vielfalt von Mensch und Kultur besteht, ist auch das Wort Glück in den verschiedensten Weisen definierbar. Welche Bedeutung hat Glück? Was bedeutet Glück? Was ist überhaupt Glück? Faszinierend, dass fünf Buchstaben tiefgründige und nachdenkliche Fragen mit sich ziehen, die großen Freiraum für Antworten hinterlassen – denn jeder Mensch hat seine eigene Definition von Glück.

Glück ist eine Reise, die ein Mensch sein ganzes Leben bestreiten wird. Eine Reise mit dem Ziel, sein eigenes Glück und seine intensive Zufriedenheit zu erlangen. Dabei kann Glück von langer und kurzer Dauer sein. Sei es der Traumjob, der einen jahrelang erfüllt, der Döner zu Mittag, ein ausgiebiger Spaziergang mit dem Hund an einem sonnigen Tag oder Arm in Arm mit seiner großen Liebe auf dem Sofa einzuschlafen. Verschiedene Menschen oder auch Gegenstände können dazu beitragen, sein eigenes Glück zu finden.

Bei Glück geht es um die Erfüllung von menschlichen Bedürfnissen und Wünschen. Das Verlangen nach seinem eigenen Ankommen und dem Stillen nach Streben der inneren Zufriedenheit. Mit sich selbst im Reinen zu sein und das persönliche Glück zu erreichen. Der Mensch hat das ewige Bedürfnis nach Glück und seelischer Ausgeglichenheit – seine eigene Balance zu finden. Menschen und Gegenstände, die einen glücklich machen, in sein Leben zu integrieren. Sei es für das ganze Leben oder für einen kurzfristigen Augenblick. Wir Menschen sind regelrecht süchtig danach, das eigene Glück zu finden und anzukommen. Das ist nur den meisten unterbewusst bewusst.

Zu Glück gehören das Erhöhen der eigenen Lebensqualität und das Spüren von Freude. Wege bestreiten und Konsequenzen aus Dingen ziehen, die einem zu Glück verhelfen. Der Umzug in eine andere Stadt, Menschen aus dem Leben verbannen, die einem im Weg stehen und einen runterziehen, Veränderungen und Selbstreflexion. Jede Begegnung, jede Tat und jeder Schritt sind kleine Bruchteile dieser Reise. Eine Reise namens Glück.

Was nach einer erschwinglichen Reise klingt, ist allerdings kein Weg, der alleine seinen Verlauf findet. Sein eigenes Glück zu finden bedeutet, Dinge selbst in die Hand zu nehmen und etwas dafür zu tun.

Leistungen zu erbringen, zu wissen, was man will, sich darüber im Klaren sein, was man dafür tun muss. Jeder hat sein persönliches Glück selbst in der Hand, jeder hat das Recht, glücklich zu sein und das zu finden und zu tun, was einem zu Glück verhilft. So blöd es auch klingen mag: Ich finde, um sein eigenes Glück zu finden, muss der Mensch manchmal leiden. Um zu wissen, was ihn genau glücklich macht. Ein Beispiel: Du bist mit der Liebe deines Lebens zusammen, legst ihr die Welt zu Füßen. Eines Tages macht sie Schluss, weil sie einen anderen kennengelernt hat. Du bist am Boden zerstört, der Schmerz ist unerträglich und du willst, dass es aufhört. Diesen Schmerz möchtest du nie wieder spüren – du hast Angst, noch mal verletzt zu werden, und bei jeder Gelegenheit, mit jemandem eine Beziehung einzugehen, blockst du ab. Dabei hat sich das, was dich glücklich macht, gar nicht geändert. Du möchtest immer noch jemanden an deiner Seite haben, jemanden lieben, geliebt werden, jemanden für den Rest deines Lebens um dich haben. Und wie kannst du das wieder schaffen? Indem du wieder Gefühle zulässt. Aber um zu wissen, was dich eigentlich glücklich macht, musstest du durch diesen schmerzlichen Prozess.

Jeden Tag versucht der Mensch das Gefühl von Glück zu erlangen und dieses Verlangen zu stillen. Wie das Verlangen, nach einer Runde Laufen endlich die Wasserflasche anzusetzen und seinen Durst zu stillen. Wer will denn schon unglücklich und orientierungslos durchs Leben laufen? Ohne Ziel, ohne Antrieb, ohne Weg oder ohne inneren Seelenfrieden? Dennoch ist es entscheidend, nach jedem Scheitern aufzustehen und für sein eigenes Glück weiterzukämpfen. Denn Glück kommt nicht von alleine, an diesem Punkt scheitern die meisten Menschen. Hat man erst einmal das eigentliche Prinzip von Glück verstanden, so steht einem eine wundervolle Reise bevor. Auch wenn jeder seine eigene Definition von Glück hat. Und dann macht es weniger aus, wenn einem Steine über den Weg rollen. Vielmehr geht es darum, was man bereit ist zu geben und zu nehmen.

Glück – eine Reise, die niemals ein Ende finden wird.

Auseinandersetzen, nicht aussetzen

Gefühle. Emotionen. Jeder fühlt sie. Jeder spürt sie. Positive. Negative. Ich möchte mit diesem Text über die Negativen sprechen. Wut. Trauer. Verzweiflung, so in diese Richtung. Denn auch diese Gefühle, Emotionen müssen angesprochen werden.

Jeder hat seine eigene Art und Weise, um mit diesen Gefühlen umzugehen. Egal, wodurch sie ausgelöst werden. Vielleicht ein Todesfall in der Familie. Streit mit dem Partner oder mit der Partnerin. Oder wenn einem einfach alles zu viel wird. Es kann alles Mögliche sein. Diese Gefühle gibt es einfach, man kann sie nicht aus der Welt löschen. Dabei ist es wichtig, dass man sich mit diesen Gefühlen auseinandersetzt und lernt, damit umzugehen. Man sollte sich damit auseinandersetzen – und sie nicht aussetzen.

Jeder hat seine eigene Art und Weise, um mit diesen Gefühlen umzugehen und diese zu verarbeiten. Sein eigenes Ventil. Der eine boxt die Gefühle gegen einen Boxsack, der andere zieht sich zurück, weil er in dem Moment keinen sehen will. Der eine meditiert, der andere geht laufen oder schreibt – so wie ich – Texte, um sich gewisse Dinge von der Seele zu schreiben. Es gibt so viele Möglichkeiten, um auch mit den „negativen" Gefühlen umzugehen. Ich finde es auf eine gewisse Weise total faszinierend, wie jeder mit solchen Emotionen umgeht.

Oder mit Schicksalsschlägen, die einem den Boden unter den Füßen wegziehen. Egal, ob sie unerwartet eintreffen oder nicht.

Dabei ist es wichtig, dass man nicht davonläuft und sich diesen Gefühlen stellt. Klar, es gibt schönere Dinge, als sich mit Wut oder Trauer zu beschäftigen. Aber auch mit solchen Gefühlen muss man sich auseinandersetzen – und sie nicht aussetzen. Auch solche Gefühlslagen muss man akzeptieren und lernen, damit umzugehen. Lieber einmal mehr gegen den Boxsack hauen oder einen Text mehr schreiben oder mit jemandem reden, als alles in sich hineinfressen. Etwas, was ich auch erst lernen musste.

Es ist völlig in Ordnung, wenn man mal weint oder schreit. Wir sind Menschen, keine Roboter. Vielmehr ist es wichtig, nach Abschluss dieser Verarbeitungsphase zu sagen: Das Leben ist trotzdem lebenswert und schön. Ich nehme mein Leben in die Hand und mache weiter. Also schämt euch nicht vor solchen Gefühlen. Macht euch keinen Druck. Und lernt das Auseinandersetzen – nicht das Aussetzen.

Message in english

I see them walking, I see them crying and running against time.
They want to work like machines and shine like a diamond in crime.
Laughing although the inside is in pain,
hurting others and loved ones, what a shame.
Burning everything down until it's ash,
and put feelings under cash.
Nature and animals are going to be rarity,
this justified demise is our destiny.
Hate, envy and conviction are spreading slowly like poison in the air,
deep inside the lightly hope is for the most nowhere.
It matters who has the most on the table and the bank account,
a grey ceiling is now around.
Plattforms that are used to be social are used for an ilusory world,
Although everything evolves everyone is remotely controlled.
This situation is exploited from the assholes.
Children are losing. Children are crying, losing parents and home because of a gun.
Instead of playing with toys they have to run.
Things like skin colors and sex partners are now a weakness,
this thinking promotes the darkness.

I could describe much more about what is going on and damn believe me I'll do this.
We need to change sth together and fight for solidarity.
Things that are protecting the colorful diversity are loved or hated.
Everything that is new and strange is supposed to be weird or unnecessary.
This setting is not correct, that's why I am here and writing every week a poetry.

Mein bisher persönlichstes Kapitel

Es gibt viele Gründe für Dinge, die wir tun. Warum wir so sind, wie wir sind. Warum uns bestimmte Themen triggern. Warum wir gewisse Angewohnheiten und Ansichten haben. Ich glaube, dass man erst einen bestimmten Prozess durchlaufen muss, bis man es realisiert. Habe ich euch schon mal erzählt, warum das Schreiben für mich eine so große Rolle spielt?

Wisst ihr, obwohl ich immer Freunde und Familie um mich herumhatte, habe ich mich eine Zeit echt alleine und missverstanden gefühlt. Ich hatte eine große Leere in mir. Und habe es nie wirklich gemocht, über meine Gefühle zu sprechen – bzw. es ist mir schwergefallen und ich habe erst dann immer halbwegs mit der Sprache rausgerückt, wenn jemand auf mich eingeredet hat. Mir ist oft das Gefühl vermittelt worden, dass es falsch ist, wie ich fühle. So habe ich viele Dinge mit mir selbst ausgemacht und mit sehr wenigen Leuten darüber gesprochen. Mittlerweile habe ich mich gebessert und ich schäme mich nicht mehr, offen und ehrlich über meine Gefühle zu sprechen. Mir ist es auch nicht mehr unangenehm, vor anderen zu weinen und zu zeigen, was in meinem Inneren vor sich geht. Vielleicht liegt das auch an den Menschen, die ich jetzt um mich habe und nie mehr missen möchte.

Deshalb sage ich anderen Menschen immer, dass es in Ordnung ist zu weinen und dass sie all ihre Gefühle vor mir rauslassen können.

Durch das Schreiben habe ich gelernt, meine Gefühle und meine Meinung zum Ausdruck zu bringen – ohne mich dafür zu schämen, was anfangs komisch war, aber als ich gemerkt habe, wie gut mir das tut, habe ich gefühlt jeden Tag geschrieben. Angefangen mit Tagebucheinträgen während meiner Realschulzeit und jetzt sitze ich hier. Das Schreiben hat mir geholfen mit meinen Gefühlen besser umzugehen und mir Sachen von der Seele zu schreiben. Ich konnte meine Leere füllen, die all die Jahre größer wurde und mein Inneres betäubt hat – so dramatisch, wie das auch klingen mag. All der Schmerz, die Trauer, aber auch Freude, die sich nun in meinen Notizbüchern befand und ich mich schwer tat zu zeigen.

Und da gibt es auch noch dieses „nirgends dazuzugehören". Ich habe seit meiner Kindheit von außen das Gefühl vermittelt bekommen, dass ich keinen Platz auf dieser Welt habe und mit mir etwas nicht stimmt. Dass ich ein Problem bin. So was kann einen stark prägen, vor allem als Kind. Aber ich glaube, dass Dinge, die einen als Kind prägen, einen zuerst unterbewusst beeinflussen und man es nicht merkt (gerade im Erwachsenenalter vergisst man das gerne). Und sich dann erst mit dem Alter bemerkbar machen. Ich musste sehr oft Ablehnung verspüren, die meine depressiven Phasen und mein Gefühl von Unverständnis noch mehr befördert haben. Vielleicht erklärt das auch die Tatsache, dass ich früher jedem gefallen wollte und mich verstellt habe. Nur, um das Gefühl zu haben, dass ich so passe, wie ich bin, und die Probleme von anderen Menschen zu meinen gemacht habe. Konnte ich zum Beispiel bei Streitereien nicht schlichten, habe ich mich wie eine Versagerin gefühlt und mir eingeredet, dass ich Schuld daran trage. Ich hatte auch nie wirklich das Gefühl, dass ich in eine Kultur passe. Zwar bin ich in Deutschland geboren, habe aber türkisch-indische Wurzeln. Seit meiner Kindheit lebe ich in Bayern – und habe irgendwie den Druck verspürt, mich verstellen zu müssen, um zu einer Nationalität zu gehören. Damit ich zu den anderen passe und akzeptiert werde, Anschluss finde. Aber ich habe in den Augen anderer Menschen nie einer Kultur genügt. Von der Kollusion zwischen mir und anderen Weltansichten, von dummen Sprüchen und Rassismus-Erfahrungen will ich erst gar nicht anfangen. Bis mir irgendwann klar wurde: Ich muss mich nicht für eine Seite entscheiden, mich verbinden verschiedene Kulturen, auf die ich verdammt stolz sein kann. Ich bin wahnsinnig dankbar für meine Wurzeln und dass ich durch meine Mutter die türkische Sprache beherrsche und durch sie mit dieser Kultur verbunden bin.

Vielleicht erklärt das auch die verschiedenen Phasen, die ich in meinem Leben hatte. Die Schüchterne, die Romantische, Girly, Emo, Rebell, Feierbiest und, und, und. Und ich fand mich auch nie wirklich schön. Klar, es macht schon was mit dir, wenn du acht Jahre alt bist und dir Teenager „hässlich“ hinterherbrüllen. Gerne flüchtete ich mich auch in Filme, Serien und Bücher. Diese drei Säulen nehmen auch heute noch einen wichtigen Platz in meinem Leben ein. Ich stellte mir vor, dass ich Teil von den Handlungen war, und vergaß dadurch die Realität. Und das habe ich sehr oft gemacht, weil die Realität, in der ich mich befand, störend und einfach nicht schön war. Eine Zeit lang dachte ich auch, regelmäßige Partys und Clubbesuche wären ein gutes Ventil – im Nachhinein will ich mein Teenager-Ich dafür ohrfeigen.

Gerade seit den letzten zwei Jahren spielt bei mir die Frage „wer bin ich?“ eine große Rolle in meinem Leben. Durch meine Tagträumerei als Teenager hatte ich das Gefühl, einen Platz auf dieser Welt zu haben. Wegen meiner großen Liebe zu Büchern habe ich mit dem Schreiben weitergemacht und beschlossen, eines Tages selbst Bücher zu veröffentlichen. Allerdings wollte ich keine neuen Welten erfinden, die für andere Menschen ein Zufluchtsort sein würden – ich wollte die Realität als Zufluchtsort machen und diese zu Papier bringen. Meine

Geschichten und Beobachtungen erzählen. Mich selbst sichtbar machen.

Ich kann nicht sagen, wann bei mir der Knoten geplatzt ist und ich gelernt habe, dass ich nicht existiere, um anderen Menschen zu gefallen und ihren Erwartungen zu entsprechen. Dafür musste ich heilen und gewisse Sachen auf die harte Tour lernen. Lernen, nicht so streng mit mir zu sein. Es kam nicht von heute auf morgen, sondern hat lange gedauert. Gedauert, bis ich verstanden habe, dass ich nicht den gesellschaftlichen Erwartungen und Normen entsprechen muss. Denn dafür existiere ich nicht auf dieser Welt – und ihr auch nicht. Aber der Tag, an dem ich das realisiert habe, war wunderschön und ein weiterer Eintrag in meinem persönlichen Geschichtsbuch.

An die Vollidioten der Woche (Ein Gedicht anlässlich eines Rassismus-Vorfalls bei einem Fußballspiel 2021)

Ich sitze da in Jogginghose und T-Shirt,
ein T-Shirt, das nicht mal mir gehört.
Wie ein Gammler, aber das ist mir egal,
Wimperntusche vom Vortag, sogar der Kajal.
Denk mir nix Böses und bin am Handy,
Instagram, Facebook, News, keine Spiele, kein Candy Crush.
Nach fünf Minuten denke ich mir: „Alter, das kann nicht sein."
Kommentare, Kritik, Aufregung, so gar nicht fein.
Irgendwelche Vollidioten überschreiten klar eine Grenze,
am liebsten würde ich schreien: Empathie, Menschlichkeit, Würde, kennste?
Anscheinend nicht, sonst würden sie es nicht tun,
präsentieren sich wie ein Haufen Müll mit Schuh'n.
Weil irgendeine Fußballmannschaft nicht gewonnen hat,
setzen die Vollidioten alles Schachmatt.
Wegen Fußball, einem Gemeinschaftssport, kommt ihre rassistische Seite zum Vorschein.
Meinen, Talent hängt mit Hautfarbe zusammen, wie soll es auch anders sein?
Mal im Ernst, bei so viel Dummheit würde ich 24/7 schrei'n.

Mein Appell kommt jetzt nun zu Wort,
Rassismus ist keine Lösung, auch nicht bei Sport.
Wenn euch nix Besseres einfällt, dann haltet ein-
fach die Klappe,
macht Yoga, meditiert, schlaft eine Nacht drüber,
mir so was von Latte.
Welche Nationalitäten diese Vollidioten haben, ist
mir so was von egal,
ob Englisch oder nicht, ihr könnt mich alle mal.
Ein weiterer Beweis, dass Dummheit und Rassis-
mus immer noch besteht,
ob das irgendwann mal weggeht?

Eingehender Anruf

Dienstag. 18.04.2020. Die Sonne stach am hellblauen Himmel hervor und verteilte ihre warmen Strahlen auf die Hausdächer Berlins. Als hätte jemand eine leuchtende Decke auf die Hauptstadt gelegt. Mit ihrer heißen Tasse in der Hand bewegte sich Ina Schritt für Schritt auf ihren kleinen Balkon. Die roten Blumen sprossen aus den Blumenkästen hervor und streckten sich zur Sonne. Giftgrüne Blätter und die schokobraune Erde vollendeten das Farbspiel. Ina schloss die Augen. Die ruhige Stille, die in ihre Ohren drang, war mittlerweile ein Teil ihres Alltags. So wie ihre Blumen hielt sie ihr Gesicht in den brennenden Ball und wurde eins mit ihr. Die angenehme Wärme durchfuhr ihren ganzen Körper bis zur Zehenspitze. Ihre nackten Füße berührten den warmen Boden, ihr weißes luftiges Kleid wurde von einer kühlen Brise durchgelüftet. Wenigstens eine Sache, die Ina seit dem Lockdown spürte. Eine einzige Berührung und das Gefühl, als würde sie jemand anfassen. Das Zusammenspiel von leichtem Wind und Sonne ließ sie für einen Moment in Erinnerungen schwelgen.

An eine Zeit vor der Pandemie. An eine Zeit vor Homeoffice und Workouts im Wohnzimmer. An eine Zeit, wo alles noch selbstverständlich war und Menschen sich in den Armen gelegen haben, lachten, sich berührten, küssten. Als die Straßen noch voller Menschen waren und Autos um die Wette hupten. Die Zeit, als sie gemeinsam im Bett lagen und ihre goldenen Locken sich über das weiche Kissen verteilten. Wenn sie ihre Augen aufschlug, konnte Ina sich gar nicht sattsehen an diesem wunderschönen Anblick. Sie in ihrer Nähe zu haben und ihre weichen Lippen an ihre zu pressen war wie die Luft zum Atmen für sie. Dieser Augenblick, wo sie mit einem grauen T-Shirt in der Küche stand und ihren Körper elegant zu Elvis Presley bewegte, spielten sich wie ein Film in ihrem Kopf ab. Wie sie ihre Arme um ihre Hüften legte und ihr einen sanften Kuss an die Wange hauchte. Im Hintergrund brodelte das Nudelwasser. Es folgte ein leises „Ich liebe dich", was wie Balsam für ihre Seele war. Oder diese weit entfernte Erinnerung, als sie gemeinsam auf dem Balkon mit einem kühlen Bier saßen, um den Sonnenuntergang zu beobachten – als sei es Jahre her, dass sie diese Momente teilten. Als hätte jemand seit Wochen eine durchsichtige Wand zwischen sie gestellt, die sie nicht mal mit Thors Hammer durchbrechen konnte. Am liebsten würde Ina es der Sonne gleichtun, die alle Dächer Berlins küsste. Diese Sehnsucht und das Verlangen, ihre Hand zu halten oder in ihre bernsteinfarbenen Augen schauen zu können, machten Ina zwischen Video-Konferenzen und E-Mails nahezu wahnsinnig. Ganz zu schweigen von der offenen Frage, wann alles wieder normal werden würde. Wann wieder dieser Augenblick kam, wo sie gemeinsam in der Küche tanzen und gemeinsam aufwachen würden. Wann sie wieder in ihre bernsteinfarbenen Augen schauen konnte, ohne dass es sich dabei um ein Foto oder einen FaceTime-Anruf handelte. Kaum zu glauben, dass ein Bildschirm das einzige Mittel war, womit sie mit dieser wunderschönen Frau kommunizieren konnte. Ihre Stimme, ihr Lächeln und ihre Erscheinung wahrnehmen konnte. Wenn ihr strahlendes Gesicht über dem Handy-Bildschirm zu sehen war, ging für Ina ihre eigene Sonne auf. Eine Sonne, die nur für sie bestimmt war und nur für sie strahlte. Die Sehnsucht für den Moment war gestillt, aber wurde gleichzeitig größer. Das Verlangen, ihre große Liebe neben sich zu haben, wurde jeden Abend unerträglicher, sobald sie die Nachrichten las. Geblendet von Todesfällen, Infektionszahlen und Kontaktsperren. Ina sog jede Minute des Anrufs ein wie die von Abgasen verschmutze Luft dieser Großstadt.

Versunken in ihrer Sehnsucht öffnete Ina ihre Augen. Die Sonne verschwand zwischen den dicken Wolken, die den blauen Himmel bedeckten. Ihre Füße waren kalt, sie bekam eine Gänsehaut. Die Tasse in der Hand war mittlerweile abgekühlt. Unangenehme Kälte umhüllte ihren Körper.

Nach einem lauten Seufzer machte Ina kehrt und betrat ihre Wohnung. Wie von einer unsichtbaren Hand getragen schleppte sie sich an ihren Laptop und klappte ihn auf. E-Mails und Video-Konferenzen waren wieder angesagt, ein ganz normaler Tag im Homeoffice eben. Doch dann war dieser Moment, der ihr Herz wieder höher schlagen ließ. Dieser Moment, den sie jeden Tag genoss und ihr persönlicher Sonnenschein in den vier Wänden war. Ihre Luft zum Atmen, ihre Hoffnung darauf, dass alles wieder gut werden würde.

Ein eingehender Anruf ihrer eigenen Sonne.

Feminismus aus der Sicht einer 23-Jährigen

Ich finde, das Wort „Bewegung“ kann im folgenden Text auch mit „Lebenseinstellung“ ersetzt werden.

Ich beschäftige mich seit Jahren extrem mit verschiedenen Bewegungen, die auf unserer Welt stattfinden und zu meinem Wertesystem passen. Anti-Rassismus-Bewegung, Diversity-Bewegung – Bewegungen, die parallel zueinander stattfinden. Vor allem mit der Feminismus-Bewegung bin ich als Frau stark in Berührung gekommen und möchte meine Gedanken dazu teilen.

Mir ist aufgefallen, dass Feminismus von vielen Menschen falsch verstanden bzw. nur so definiert wird, wie es einem passt. Ob das richtig ist, wage ich zu bezweifeln. Feminismus bedeutet für mich, dass Frauen die gleichen Rechte und Möglichkeiten wie Männer haben. Nicht auf ihr Geschlecht reduziert werden oder aufgrund ihres Geschlechts Nachteile und Diskriminierung erfahren. Warum sollte ich denn bitte als Frau nicht mit dem Mann gleichstehen? Nur weil ich eine Frau bin? Alleine diese Worte sind schon echt absurd. Wir Frauen sind Menschen, keine Objekte.

Gut, das ist wahrscheinlich eine klassische Definition, die man nach Anpassung auf jede gesellschaftsrelevante Bewegung beziehen kann. Auch wenn sich der Feminismus für Frauen stark macht, was wir auch dringend benötigen, bedeutet es nicht, dass dadurch der Mann unterdrückt oder das männliche Geschlecht in ein schlechtes Licht gerückt werden soll. Vielmehr sollte der Feminismus dafür benutzt werden, um Frauen Mut zu machen, für sich selbst und andere Frauen einzustehen, alles zu hinterfragen. Sich für die Möglichkeiten, Rechte und Entwicklung der Frau einzusetzen, sei es auf persönlicher oder beruflicher Ebene. Eine Frau sollte das Recht haben, selbst zu entscheiden, in welche Richtung sie gehen und wer sie sein möchte. Wie sie sich anziehen und präsentieren möchte. Was nicht bedeutet, dass jede Frau eine Geschäftsfrau sein und zehn Firmen leiten muss. Wenn eine Frau aus freien Stücken entscheidet, dass sie Hausfrau sein möchte, so ist das ihr gutes RECHT. Sofern sie es selbst entscheidet. Was auch nicht bedeutet, dass sich jede Frau in der Öffentlichkeit nackt oder freizügig präsentieren und unrasiert rumlaufen MUSS, nur, um sich als Frau zu fühlen. Wenn sie es machen möchte, dann soll sie es tun. Generell finde ich, dass Frauen (oder besser gesagt alle Menschen) das anziehen sollen, was sie WOLLEN. Egal, ob es ein schwarzer Minirock oder ein Kopftuch ist. Auch das Connecten und gegenseitige Supporten zwischen Frauen spielt für mich eine wichtige Rolle im Feminismus. Was wäre denn eine Bewegung ohne Unterstützung?

Was mich am meisten aufregt, ist Scheinheiligkeit und Doppelmoral. Wie beim Thema Kopftuch zum Beispiel. Das geht mir echt auf die Nerven. Was ich auch beobachtet habe, ist Ungeduld. Menschen, und auf die Feminismus-Bewegung bezogen Frauen, warten auf Veränderungen. Auf Gleichberechtigung und die Veränderungen der Denkweisen. Das kann ich verstehen. Das Problem bei dieser Sache ist: Die Denkweisen und Strukturen sind seit Jahrhunderten in unserer Gesellschaft verankert und werden weitergegeben. Jahrhundertalte Strukturen können sich, leider, nicht von heut auf morgen verändern. Das ist leider nur ein Wunschdenken. Es bewegt sich viel seit einigen Jahren und das ist auch richtig so. Zusammenhalt, Geduld und Willensstärke ist das, was wir brauchen. Und das eigene Denken – der Mensch muss lernen, selbst zu denken und zu hinterfragen. Den Mut zu haben, für seine Ideale einzustehen und aus seiner Komfortzone rauszukommen. Bewegungen wie Feminismus sind nämlich keine Frauenarbeit – es betrifft uns alle.

Schubladen sind die falsche einfache Lösung

Manchmal, so kommt es mir zumindest vor,
schießen sich viele Menschen selbst ein Eigentor.
Ein Raum, so groß wie unvorstellbar,
diese Vorstellung macht mir seit Längerem einiges klar.
Ein großes Regal mit Tausenden von verstaubten Schubladen,
nach ihnen wird immer gegriffen, wenn Menschen es nicht wagen.
Was meint sie mit wagen, die Verfasserin dieser Worte, werden sich viele fragen,
fragen sich, „welche Antwort wird mich erwarten?"
Meine Wahrnehmungen, schriftlich dargestellt,
ob das die ein oder andere Glühbirne im Kopf erhellt?
In Schubladen kann man Menschen stecken,
ganz einfach und simpel, kein Mystery-Plan, den musste man vorher aushecken.
Der Mensch macht das automatisch, ohne nachzudenken,
dabei sollte man viele in eine andere Richtung lenken.
Egal, ob durch sozialisierte Medien, Artikel, Nachrichten oder dumme Kommentare durch völlige Idioten,
ein Spiel seit Jahrzehnten, leider nicht verboten.
Schubladen, so verstaubt wie mein Zimmer,

verdeckt das, was wir vermissen, diesen zerbrechlichen Schimmer.
In Schubladen kann man Menschen stecken,
ganz einfach und simpel, kein Mystery-Plan, den musste man vorher aushecken.
Klischees, Stereotype, Diskriminierung,
schnelleres Verbreiten dank der Digitalisierung.
Egal, ob männlich divers oder weiblich,
jeder hat seine Schublade, schon etwas peinlich.
Egal, ob hetero, lesbisch oder schwul,
jeder hat seine Schublade, find ich nicht cool.
Egal, ob weiß, schwarz oder braun,
jeder hat seine Schublade, ich will sie zerhau‘n.
Egal, ob Brillenträger, BWL-Justus oder Influencer,
jeder hat seine Schublade, fuck Cancer.
Schubladen voller Klischees und Diskriminierung
sind immer der einfachste Weg, die einfachste Lösung,
dabei möchte ich alles rausschreien vor lauter Empörung.
Horizont erweitern wäre eine Möglichkeit,
raus aus dieser Bubble, bis zur Unendlichkeit.
Auf das Menschsein und den Menschen an sich fokussieren,
aber das muss man vielen noch antrainieren.
Ich weiß es ist immer einfach, die Schubladen zu verwenden,
man muss nix hinterfragen, nix erforschen, einfach Menschen reinstecken und fertig.

Lasst euch nicht blenden, malt euer eigenes Bild, mit Herz und Verstand.

Ein paar Worte zum Anfang

Achtung: Eigentlich mache ich das nie, aber bezogen auf den folgenden Text möchte ich vorher ein paar Worte verlieren. Vielleicht serviere ich das Thema auf dem Silbertablett als Tabuthema – aber ich möchte genau das Gegenteil damit bezwecken. Der nächste Text handelt von Abtreibung.

Ich weiß, für viele Menschen aus unserer Gesellschaft sind Menschen, die sich für eine Abtreibung entscheiden, eine Schande. Ich sehe das nicht so.

Man weiß nie, was einen Menschen dazu führt, sich für eine Abtreibung zu entscheiden. Das kann viele Gründe haben. Menschen, die sich für eine Abtreibung entscheiden, haben somit eine Entscheidung getroffen. Und ich finde, das muss man akzeptieren und respektieren. UND man sollte offener darüber sprechen. Ich kann mir vorstellen, dass viele Frauen an solchen Entscheidungen zerbrechen oder sich dafür schämen. Aber das brauchen sie nicht. Zudem finde ich, dass jeder Mensch selbst über seinen Körper entscheiden sollte. Abtreibung ist etwas, was es nun einmal gibt und Bestandteil unserer Gesellschaft ist – auch wenn viele Menschen das gerne verdrängen wollen und sich das Gegenteil wünschen. Man muss mehr über solche Dinge sprechen und sie nicht unter den Teppich kehren. Generell würde ich mir wünschen, dass die Gesellschaft offener und toleranter zu den ach so tollen „Tabuthemen“ wäre. Nur weil ein „Tabu“ davorsteht, heißt es nicht, dass das Thema nicht existiert oder man nicht darüber sprechen darf. Man weiß nie, vielleicht kommt man selbst irgendwann in eine Situation, wo man solch eine Entscheidung treffen muss.

Ella

Ein lauwarmer Sommertag im Juli. Wo alles lebt, wo die Sonnenstrahlen die Erde küssen, wo alles bunt ist. Wo Menschen mehr lachen als sonst. Menschen unterwegs sind, im Urlaub, in Parks, in Fußgängerzonen. Menschenmassen, die sich auf der Welt bewegen.

Und unter ihnen ist sie, Ella. Unauffällig, braune Haare, blau-graue Augen. Auch sie bewegt sich unter der Menschenmasse. Wie in Trance. In der grauen Fußgängerzone, die von den Sonnenstrahlen geküsst wird. In der grauen Fußgängerzone, die von Lachen und Gesprächen umhüllt wird. Von Erinnerungen gefüllt.

Und unter ihnen ist sie, Ella. Unauffällig, braune Haare, blau-graue Augen. Nimmt ihre Umgebung gar nicht wahr. Versucht alles auszublenden. Auch diese Erinnerung, die sich in ihrem Kopf festigt, als hätte jemand einen Nagel an die Wand gehämmert.

Diese Erinnerung, als sie dieses lange Etwas vom Waschbeckenrand hob, begleitet von Herzklopfen und Angst. Diese zwei Striche, die ihr Leben für immer veränderten. Zwei Striche für einen Neuanfang? Nein, für Ella war es viel mehr als das. Für dieses unschuldige und zerbrochene Mädchen war es die schlimmste Prüfung ihres Lebens. Diesen Neuanfang in ihr zu tragen, diese tausend Gedanken in ihrem Kopf zu tragen, machte sie nahezu wahnsinnig. Dieser Gedanke, von diesem Arschloch etwas in sich zu tragen. Ein Mensch, gefüllt mit Gewalt, Alkohol, Drogen und Aggressionen.

Ella betrachtete sich im schmutzigen Spiegel. Die Schläge hatten nicht nur optisch Spuren hinterlassen. Sie trug die Verletzungen sowohl innen als auch außen. Ihr Blick wanderte wieder auf die zwei Striche. Ein flaues Gefühl verbreitete sich in ihrem Magen. Diese tausend Gedanken, diese dummen tausend Gedanken, verdammt, sie gingen einfach nicht aus ihrem Kopf. Als hätte irgendjemand oder irgendetwas die Kontrolle über das, was sie fühlt. Wollte sie das einem unschuldigen Menschen antun? Wollte sie wirklich dafür verantwortlich sein, dass ein unschuldiger Mensch leidet? Wollte sie wirklich jemandem nichts bieten? Wollte sie wirklich vielleicht verantwortlich dafür sein, dass jemand Unschuldiges auch mit Flecken und inneren Wunden geschmückt wird? Wie kann sie die Verantwortung für neue Unschuld tragen, wenn sie selbst noch nicht verheilt is? Fragen über Fragen. Gedanken über Gedanken.

Ein lauwarmer Sommertag im Juli.

Wo alles lebt, wo die Sonnenstrahlen die Erde küssen, wo alles bunt ist. Wo Menschen mehr lachen als sonst. Menschen unterwegs sind, im Urlaub, in Parks, in Fußgängerzonen. Menschenmassen, die sich auf der Welt bewegen.

Und unter ihnen ist sie, Ella. Unauffällig, braune Haare, blau-graue Augen. Auch sie bewegt sich unter der Menschenmasse. Mit einer Entscheidung, die sie innerlich schon damals getroffen hatte. Damals, als sie die zwei Striche sah. Geschmückt mit inneren und äußeren Wunden. Ella blieb stehen. Ein großes weißes Haus stand vor ihr. Sie hatte das Ziel schneller erreicht als gedacht. Komisch, irgendwie hatte sie sich das Haus anders vorgestellt. Sie hatte auf etwas Kühles und Graues gewartet. Dabei sah das Haus so … normal aus.

Ella holte tief Luft. Wieder schossen tausend Gedanken durch ihren Kopf. Wieder hatte sie ein flaues Gefühl im Magen. Sie wusste, danach gab es kein Zurück mehr. Sie wusste, dass viele Menschen sie hassen würden, wenn sie das erfuhren. Aber in diesem Moment war ihr das egal. Sie musste an sich und an das Unschuldige denken. Das konnte sie jemandem nicht antun.

Ella holte tief Luft und griff nach dem Griff der kalten Tür.

Es war einmal

Es war einmal ein Planet, der in den wunderschönsten Grün- und Blautönen strahlte. Die Elemente Feuer, Wasser, Erde und Luft stellten sich in einem harmonischen Zusammenspiel zur Schau. Eine einzigartige Vielfalt an Pflanzen und Tieren fand in jeder Ecke ein Zuhause. Farben, Zwitschern, Sonne, Regen, Wolken, Schnee – der Planet war wie ein buntes Bild. So bunt, dass nicht einmal der begabteste Künstler in der Lage war, solch eine Kunst zu vollbringen.

Es war einmal ein Wesen, welches einen Planeten betrat. Ein Wesen mit Stärke in Beinen und Armen. Ein Wesen mit Verstand und Herz. Von außen machte das Wesen den Eindruck, als würde es mit friedlichen Absichten dem Planeten einen Besuch abstatten. Ein Besuch auf Zeit, sozusagen. Von außen so friedlich, mit Gefühlen und Emotionen angehaucht, strahlte dieses Wesen in der Sonne. Je mehr sich dieses Wesen verbreitete und den Besuch verlängerte, entstand der Begriff „Mensch“.

Es waren einmal Gier und Macht, die sich wie ein Lauffeuer verbreiteten. Sie sprühten ihr Gift an jede Stelle und in jeden Verstand. Vergifteten alles, was ihnen in die Quere kam. Die Gier und das Erstreben nach mehr. Das Selbstbild, als hätte man sämtliche

Macht in der Hand. Neben Gier und Macht gesellten sich Zerstörung, Krieg, Waffen in den verschiedensten Formen und Gestalten, Kämpfe, schwarze Wolken hinzu. Unterdrückung kam auch noch dazu. Dinge, die vereint von außen so aussahen, als hätte jemand in den unterschiedlichsten Schwarztönen eine Leinwand bemalt – um sein dunkles inneres Ich zum Vorschein zu bringen. Dazwischen unschuldiges rotes Blut, das zu sehen war.

Es war einmal ein Wesen, das dachte, es sei das stärkste und beste von allen. Das mächtigste Wesen, mit beiden Beinen auf dem Boden. Dabei nur einen Bruchteil gesehen, nur einen Bruchteil entdeckt, einen Bruchteil erforscht. Einen Tunnelblick so fokussiert und stur zugleich, damit es nur das sehen konnte und wollte, was es sehen wollte und konnte. Ein Wesen mit Schubladendenken, gefüllt mit Diskriminierung, Rassismus und Hass. Ein Wesen, das bestimmte Attribute in die Hand nahm wie eine Waffe, um andere Wesen seinesgleichen anzugreifen, zu verletzen, wehzutun. Narben zu hinterlassen.

Es waren einmal zwei Jugendliche mit dem Namen Fake und Oberflächlichkeit. Es dauerte nur einige Jahre, bis sie sich durch diverse Plattformen, die sozial zu scheinen schienen, über den gesamten Planeten verbreiteten und wie eine Decke den Planeten bedeckten. Fake-Lachen, Fake-Perfektion, Lügen, Fake-News. Keine Menschlichkeit, keine Empathie. Menschen werden geblendet, Menschen werden ferngesteuert, Menschen werden fertiggemacht, Menschen wird eine Scheinwelt vorgehalten, die nicht existiert. So wurden die zwei Jugendlichen Fake und Oberflächlichkeit immer größer und wurden erwachsen. Was aus ihnen wurde, wusste man nicht, es sei denn, man nahm sein Handy in die Hand und öffnete diverse Apps.

Märchen beginnen ja bekannterweise mit „Es war einmal" – was, wenn all das kein Märchen ist?

Liebes Leben,

du bist schon ein echt komisches Ding. Konstrukt. Oder was auch immer. Seit meinem ersten Herzschlag gehörst du zu mir, bist einfach ich, ein Teil von mir – keine Ahnung, wie ich das beschreiben soll. Dich gibt es in den verschiedensten Formen, von dem neugeborenen Kind bis hin zum Gänseblümchen. Obwohl wir deinen Namen so oft aussprechen, hat jeder Mensch ein anderes Bild von dir. Jeder Mensch sieht in dir einen anderen Sinn.

Du bist unbeschreiblich. Manchmal bist du Fluch und Segen zugleich. Du gibst dich uns hin, damit wir dich nutzen, um etwas aus dir zu machen. Jeder nutzt dich anders. Auf gute und schlechte Art. Ich finde, das ist von verschiedenen Faktoren abhängig, weil die Basis unseres Schicksals bestimmt ist – aber manche Sachen müssen wir selbst in die Hand nehmen. Kontrolle. Zufall. Schicksal. Bestimmung. Leben. Doch manchmal bist du echt nicht so einfach. Hürden und Tiefschläge sind leider auch ein Teil von dir, dem Leben, die uns kennzeichnen und prägen. Auch die positiven Dinge natürlich. Man weiß nie, was passiert. Das Leben ist wie ein Überraschungsei aus cremiger Schokolade.

Dich zelebrieren. Das ist eigentlich das, was ich möchte. Ich möchte dich feiern, dich genießen und all die Chancen ausnutzen, die du mir gibst. Selbst in dunklen Zeiten versuche ich, an Sonnenstrahlen zu denken. Auch wenn ich in gewissen Menschen die Hoffnung verliere, versuche ich weiterzumachen. Auch wenn ich mir bei gewissen Wegen denke: So kann es doch nicht weitergehen. Auch wenn an manchen Tagen Ungerechtigkeit überwiegt, versucht meine Gerechtigkeit lauter zu sein. An Tagen, wo die Menschlichkeit wie ausgestorben zu sein scheint. In Zeiten, wo Menschen die Orientierung verlieren oder das Gefühl haben, Marionetten eines Systems zu sein. An Tagen, die einfach nicht so verlaufen wie geplant oder man schlechte Laune hat. Ich möchte einfach das Leben feiern. Dich nutzen, weil du mir gegeben wurdest. Einfach leben.

Wenn ich so darüber nachdenke, muss man ja vielleicht manchmal durch Ungerechtigkeit oder dunkle Zeiten durch, um das Leben feiern zu können. Vielleicht bist du auch einfach nur eine Probe. Um das Licht zu schätzen.

Gendern

Um das Thema Gendern kommt nicht drum herum. Früher oder später kommt man damit in Berührung – so sehr manche Menschen auch versuchen, vor dem Thema davonzulaufen. Auseinandersetzen sollte man sich damit, das ist gewiss. Es betrifft schließlich alle, die sich als Mensch bezeichnen.

Gendern sei eine Vergewaltigung der deutschen Sprache, behaupten viele und können sich nicht mit dem Konstrukt Doppelpunkt, Schrägstrich oder geschlechterneutrale Formulierungen anfreunden. Woher kommt auf einmal das Gendern? Es war nicht auf einmal da, wie viele meinen. Alles begann mit einem Schrägstrich in den 1960-er Jahren. Kann man alles nachlesen, schaden tut es nie. Also kein Grund, so zu tun, als wäre es etwas völlig Neues.

Dass Gendern für viele noch ungewohnt ist und sie damit nichts anfangen können, ist irgendwo verständlich. Erkläre mal deinem 80-jährigen Großvater, was das ist und dass er sich nach all den Jahrzehnten damit befassen muss. Es ist eine Umstellung, klar. Menschen, die gegen das Gendern sind oder es nicht verstehen, sollte man differenzieren und nicht in eine Schublade stecken. Auch der Gegenseite muss man zuhören. Deswegen bin ich davon überzeugt, dass es noch sehr lange dauern wird, bis Gendern als normal angesehen wird. Wie so vieles im Leben – obwohl man mache Dinge gar nicht als normal ansehen muss. Weil sie normal sind. Aber gut, manchmal muss etwas so lange als absichtlich rüberkommen, bis es nicht mehr der Fall ist.

Ich bin auch der Meinung, dass noch Jahre dauern wird, bis wir eine einheitliche und ideale Art und Weise gefunden haben, um zu gendern. Es muss sich alles einpendeln. Kann störend sein, wenn in jedem Satz „:in“ steht oder ein Satz drei Zeilen lang ist, nur weil man sowohl die männliche als auch die weibliche Form eingefügt hat. Vielmehr sollten wir Worte umstellen, den Satz umschreiben – damit das Endprodukt „Satz“ am Ende so dasteht, dass man es angenehm lesen kann.

Es ist sinnvoll zu gendern – wenn es auch wirklich Sinn macht. Auf Krampf beide Formen in einen Satz reinhauen bringt keinem was. Sprache ist unser tägliches Brot und eines der Mittel, wodurch wir die Realität abbilden können. Und die besteht eben nicht nur aus Mann.

Auch wenn ich eine Befürworterin des sinnvollen Genderns bin, ist es damit noch lange nicht getan. Zumindest was Sichtbarkeit, Gleichberechtigung und Gleichstellung angeht. Die Lücken der Gleichberechtigung, frauenfeindliches Gedankengut und Diskriminierung gegenüber Menschen können nicht auf das Fehlen eines Doppelpunkts oder eines Schrägstrichs geschoben werden. Da muss schon mehr her, um wirklich Gerechtigkeit zu schaffen.

Hitzewellen und Illuminaten (ein Text im Sommer 2022)

Und nun zum Wetter: Es bleibt weiterhin heiß in Deutschland und wir haben auch die nächsten Tage das Vergnügen, wie eine knackige Wurst auf dem Grill in der Sahara zu brutzeln. Bitte rechnen Sie mit regelmäßigen Hitzewarnungen auf Ihrem Smartphone und täglichen „Uffs", „Zefix, is des hoaß" und leblosen Gesichtsausdrücken Ihrer Mitmenschen. Stoßgebete für alle, die in einer Dachgeschosswohnung leben oder keinen Ventilator oder Ähnliches besitzen, werden dringender benötigt als je zuvor.

Aber machen Sie sich keine Sorgen: Die Gerüchte, dass diese Temperaturen Folgen des sogenannten Klimawandels sein könnten, können wir nun offiziell widerlegen. Laut einer „Vertrau mir Bruder"-Quelle von Telegram handelt es sich beim Klimawandel nur um eine Erfindung der Illuminaten. Des Weiteren lieferten seriöse und staatlich geprüfte Verschwörungstheoretiker die Aussagen, dass die Hitzewellen nur dazu dienen, um den Verkauf von Ventilatoren und Klimaanlagen zu fördern.

Sie können also erleichtert in der stickigen Luft aufatmen. Trinken Sie einfach ausreichend viel und vermeiden Sie die Mittagshitze. Nur so kommen wir durch den „Klimawandel". Dinge wie Abholzung von Wäldern oder Intensivierung der

Viehzucht, die als Ursachen für steigende Emissionen betitelt werden, sind nur Teil eines neugeschriebenen Märchens der Gebrüder Grimm.

Eine weitere Methode, um mit den Gerüchten des „Klimawandels“ besser umgehen zu können, ist, so zu tun, als wäre nichts. Einfach ignorieren, weitermachen und sich wegen der Hitze beschweren. Dafür ist ja die Menschheit bekannt – erst zuschauen und dann, wenn es zu spät ist, sich fragen, wie das passieren konnte und warum das nicht vorhersehbar war.

Masken im Gesicht

Tage, Wochen, Monate sind nun vergangen,
wo Menschen von uns einiges verlangen.
Regeln und Richtlinien von oben,
die Freiheit, der Horizont für viele verschoben.
Masken im Gesicht, am besten FFP2,
im Rucksack und im Auto habe man sie am besten auch dabei.
bis auf das Tor zur Seele wird alles verdeckt,
wunderschöne Gesichter werden versteckt.
Viele beschweren sich, viele verstehen das nicht,
Masken versperren alles, die Sicht auf das Gesicht.
Das Lachen ist nicht mehr nicht zu sehen,
was viele nicht wollen, was viele nicht verstehen.
Dabei ist es Doppelmoral, für mich nicht zu übersehen.
Doppelt hält ja besser, das sagen alle,
Hin und zurück, von Indien bis nach Malle.
Beschweren sich wegen Masken, die zu sehen sind,
von Mann zu Frau, von Teenie zu Kind.
Masken trug man schon davor, zwar unsichtbar,
um sich zu verstecken, damit man wird unverwundbar.
Alles wurde versteckt, alles wurde verdeckt,
Menschlichkeit, Gefühle, Emotionen, von der unsichtbaren Maske bedeckt.
Viele waren nicht sie selbst und bereuen es nicht,
dass sie trugen die Maske im Gesicht.

Künstlichkeit, keine Realness, alles schön verdeckt,
keine Schwäche, nicht sie selbst, alles wäre perfekt.
Immer stark sein, immer verstellen, alles Schlechte aus,
Schon vor Corona gingen alle mit Maske aus dem Haus.

Reflektiert Selektieren

Dieses Jahr habe ich oft das Wort „Selektieren“ gehört. Bezogen auf die unterschiedlichsten Dinge und Sachverhalte. Am meisten habe ich dieses Wort in Bezug auf das eigene Umfeld gehört. Bei einem Telefonat mit meinem Onkel wurde „Selektieren“ in den Raum geworfen, als ich unentschlossen war, eine gewisse Person in mein Leben zu lassen. Und durch meinen Onkel, einem klugen Mann, wurde mir noch bewusster, was selektieren eigentlich bedeutet – und was wir manchmal für ein Glück haben, somit unser persönliches Umfeld zu definieren.

So haben wir die Chance, Menschen zu selektieren, die uns guttun, die uns nicht runterziehen, die für uns da sind. Menschen, die uns supporten und hinter uns stehen wie eine Wand. Menschen, die in unseren dunkelsten Stunden den Raum wie eine Kerze erleuchten.

Andersrum geht es genauso.

Wir können das Gegenteil selektieren. Menschen, die uns von unserem Weg, von unseren Zielen abbringen. Uns runterziehen und ihr toxisches Gift in unser Leben sprühen. Wenn sich ihr Gift verbreitet und versucht, sein Unwesen zu treiben.

Auch diese Menschen können wir selektieren und aus unserem Leben verbannen. Das mag vielleicht hart klingen, aber auch das dürfen wir und sollten wir. Manchmal sehen wir das aber nicht, dieses toxische Gift, das sich in unserem Leben verbreitet. Da weisen uns andere Menschen darauf hin. Manchmal sehen Menschen von außen mehr, als wir denken. Und das ist okay. Dafür sollten wir dankbar sein. Für ein reflektiertes Selektieren.

Material kauft keine Liebe

Zwischen fetten Karren und Menschlichkeit,
ist da nix mit Gemütlichkeit.
Menschen verlieren sich selbst auf dem Weg,
und sehen nicht das Ende vom Steg.
Rennen immer weiter, immer weiter,
für die Höhen haben sie die größte Leiter.
Immer mehr will der Mensch, das ist mir schon klar,
fette Karren, Cash und Markenklamotten – wunderbar.
Immer mehr will der Mensch, das ist mir schon bewusst,
der Beigeschmack unbegreiflich, hast du das schon gewusst?
Der Mensch verliert sich selbst, ohne Rücksicht auf Verluste,
verletzt Menschen, obwohl das wehtut, obwohl er das wusste.
Immer mehr, immer mehr Fokus auf Material,
Hauptsache, er sitzt, der Kajal.
Oberflächlichkeit ist erstes Programm,
sodass Menschlichkeit nie wieder vorkam.
Geld muss stimmen, das Auto in der Einfahrt auch,
Anabolika, Fitness, man darf nicht aussehen wie ein Lauch.
Wo ist das Menschliche, frage ich mich,
manchmal versetzt mir dieser Fokus einen Stich.
Dieser Fokus auf Material und die Gier nach Macht,

viele sind im geblendeten Tiefschlaf, von dem keiner erwacht.
Einen Tunnelblick, nur das Oberflächliche sehen,
was die anderen haben und was nicht, der Überblick darf niemals untergehen.
Reduzieren, konsumieren und Material en masse,
Material kauft keine Liebe und bekämpft keinen Hass.
Neid und Missgunst habe ich noch vergessen,
da vergeht mir der Appetit aufs Abendessen.
Wo ist Menschlichkeit und Empathie, ist das heutzutage nichts mehr Wert,
oder wird einem dadurch irgendwas verwehrt?

Dieses Spalten der Gesellschaft

Corona – etwas, das vieles verändert hat,
Existenzen und Systeme gehen schachmatt.
Eine dunkle Decke zog sich über uns, über unsere Gesellschaft,
so meint man, dass nichts davor es jemals geschafft hat,
dieses Spalten der Gesellschaft.
Beobachtet habe ich all das schon viele Weilen,
dieses Hin und Her zwischen den Menschen, deshalb schreibe ich diese Zeilen.
Anfeindungen, Beleidigungen, Verbindungen zerbrochen wie Glas.
Lockdowns, Beschlüsse, keine Freiheiten, das war's.
Dieses Schubladendenken wurde noch mehr,
und das, als die Straßen waren letztes Jahr leer.
Wurde „Nein" gesagt oder „das passt mir nicht",
wird man sofort als Querdenker aufgetischt.
Corona ist die Ursache für die Spaltung unserer Gesellschaft,
rücksichtslos, radikal, Zerstörung der Bruderschaft.
Dabei ist Corona nur Salz, das in die Wunde gestreut wurde,
eine Wunde namens „Spalten der Gesellschaft", total absurd.
Noch mehr Hass, noch mehr Dunkelheit, noch mehr Kälte,

beim Schlichten helfen nicht einmal die besten Anwälte.
Diese Spaltung gibt es schon viel länger, länger als manche denken,
die nächsten Worte sollen in diese Richtung lenken.
Machtvoll und machtlos, arm und reich,
dabei ist jeder Mensch bedeutungsgleich.
Liebe, Religion, Hautfarbe, Bildungsgrad,
politische Orientierung und Aussehen, vor allem wichtig auf Social Media und im Freibad.
Die gesellschaftliche Spaltung ist mehr als Politiker und ihre Beschlüsse,
Wahlkämpfe, Entscheidungen, politische Einflüsse.
Sie gab es schon vorher, diese Spaltung in unserem Land,
dabei sollten wir nach vorne gehen, Hand in Hand.
Solidarität, wo bist du, wenn man dich braucht,
bist du einfach weg, bist du einfach abgetaucht?
Nein, Solidarität ist von uns abhängig,
von unserem Denken, von unserem Herzen, für alle eigentlich zugängig.
Für den einen vielleicht anstrengend, für den anderen auch nicht,
wie tief wird sie noch gehen, diese Spaltung frage ich mich,
diese Frage stelle ich nicht nur mir, sie geht auch an dich.
Geht mal tief in euch und schaut euch um,
unsere Zeit ist begrenzt, sie ist bald rum.

Die Gedanken sind frei

Die Gedanken sind frei, so sollte es sein, was ich fühle, was ich denke, ist mein.
Die Gedanken, sie sind in meinem Kopf,
wie Wolken am Himmel. Manchmal wild, schnell und laut, wie brodelndes Wasser im Topf.
Die Gedanken sind frei, so sollte es sein,
manchmal habe ich das Gefühl, es ist nur ein Schein, dieses Denken wäre mein.
Ein unterschwelliger Hauch von „Ich sollte nicht laut denken“ und meine Zeit nicht an dieses Gedankenchaos verschenken.
Die Gedanken sind zwar frei, aber wiederum auch nicht.
Gedanken sollten nicht zum Gesagten werden, mit dem Strom denken und sprechen, dann bekommt man keine Beschwerden.
Ich möchte aus dem Fenster laut schreien: Die Gedanken sind frei, so sollte es sein.

Religion

Wie schon bekannt, gibt es verschiedene Religionen auf dieser Welt. Ich finde, dass der eigene Glauben von unterschiedlichen Faktoren abhängig ist, zum Beispiel äußere Einflüsse, persönliche Entwicklung, Heimat, Kultur und die Werte, die man vertritt.

Glauben kann einem auch in schwierigen Zeiten eine Hilfe sein und Menschen Hoffnung schenken. Wobei ich schon zwischen gläubig und religiös unterscheide. Packt euch an die Nase und merkt euch eins:

Jeder Mensch kann das glauben, was er möchte.

Dennoch gibt es eine Sache, die ich euch mit auf den Weg geben will:

Respektiert und akzeptiert andere Glaubensrichtungen.

Redet keine Glaubensrichtung schlecht.

Respektiert es, wenn Menschen einen anderen Glauben haben.

Ihr seid nicht besser oder schlechter, nur wegen eures Glaubens.

Missbraucht Religion nicht als Ausreden und Begründungen für eure Taten und Handlungen.

Gewicht im Spiegel

Triggerwarnung: Das folgende Gedicht behandelt das Thema Essstörungen. Ich möchte keinesfalls dazu animieren. Ich finde, dass über das Thema öfter gesprochen werden muss, weil es mehr Menschen betrifft, als man denkt. Falls ihr selbst von einer Essstörung betroffen seid (oder jemand aus eurem Umfeld), dann sucht euch bitte professionelle Hilfe. Es ist nie eine Schande oder Schwäche, sich Hilfe zu suchen!

Sie stand auf beiden Beinen im Zimmer,
eigentlich war alles wie immer.
Betrachtete sich im Spiegel und sah ihr Ich, sah Gesicht, Körper, alles, sie sah sich.
Betrachtete sich von Kopf bis Fuß, ganz genau. Sie stellte sich dem Spiegel zur Schau.

Was sie sah, gefiel ihr nicht,
da half nicht mal ein anderes Licht.
Ihre Augenringe, so dunkel und leer,
ihr kritischer Blick kam wieder her.

Ein mulmiges Gefühl, das sich durch ihren Körper zog. Und dann begann er, dieser innere Monolog:

„Diese Fettpölsterchen, die müssen weg, so wie Dessert und Speck! Du bist zu dick, du musst dich ändern, insofern Kilos und dich selbst opfern. Du weißt, dass das alles wegmuss, mit Kalorien ist jetzt Schluss! Seit Wochen bist du nun dabei, Kalorienzählen, Diät, Dauersport allerlei. Die Waage ist doch deine beste Freundin, also richte dich nach ihr, es macht Sinn. Die Instagram-Models bekommen das doch auch hin. Man muss so aussehen, das ist der Gewinn!"

Diese Gedanken, sie standen wie ein Kreis. Sie sagt zu sich selbst: Okay, keine Schokolade, kein Eis. Reis dich zusammen, er ist ganz nahe, der Preis.

Sie griff nach der Tür vom Kleiderschrank und nahm das Kleid heraus, was ihre Mama schank.

Der dünne Stoff, so zerbrechlich und weiß, passte zum Tag, denn es war heiß.

Das Kleid umhüllte ihre Gestalt und noch eine Strickjacke, am Abend werde es kalt. Ihre Fettpölsterchen waren nicht zu sehen und auch nicht ihre Wahrnehmung, es war wie ein Anflehen.

Denn alles war schon längst verschwunden, ihre Knochen haben das Versteck überwunden.

Ihre Haut blass, die Rippen im Vordergrund, ihr inneres Glück im Hintergrund. Die Finger so zerbrechlich wie Glas, weil sie schon längst nichts mehr aß. Die Grenzen und ihr wahres Ich konnte sie nicht sehen, alles verblendet, alles verzerrt, doch ihre Gedanken stehen.

Sie stand auf beiden Beinen im Zimmer,
eigentlich war alles wie immer.

Vergessen

Als Autorin möchte ich meine Stimme und Texte für die Menschen nutzen, die nicht gehört und vergessen werden. Ich möchte das aussprechen, was sich manche Menschen nur denken.

Es herrscht sehr viel Ungerechtigkeit auf dieser Welt, das sollten wir nicht leugnen. Ich finde, wir befinden uns in zwei Welten auf einem Planeten. Die eine Welt ist bunt und farbenfroh, die andere Welt ist schwarz und grau. Menschen werden unterdrückt, ihrer Menschenwürde und Heimat beraubt, diskriminiert, verfolgt und getötet. Leiden unter Spaltungen und Ansichten. Leiden unter der Gier von Menschen, den Durst nach Macht und Geld zu stillen. Und ich finde, wenn jemanden diese Gier nach Macht packt, kann er selbst den stärksten Soldaten fernsteuern und ist in der Lage, sein letztes Tröpfchen an Menschlichkeit in sich selbst verdampfen zu lassen – zumindest macht das den Anschein. Die Gier, ihren Willen durchzusetzen, auf Kosten anderer Menschen – die mit den Folgen zu leben haben und deren Unschuld beschmutzt wird. Das Problem ist aber, dass Menschen immer wieder Durst haben werden. Es ist ein Teufelskreis. Wisst ihr, Kriege und Konflikte hören nicht erst dann auf, wenn die Medien nicht mehr darüber berichten. Vieles gerät in Vergessenheit und wird verdrängt. Die Dunkelheit wird größer und mächtiger, wenn wir aufhören, daran zu denken. Nicht nur Krieg, sondern allgemein Ungerechtigkeit, Gewalt und Unterdrückung. Es wird so lange weitergehen, wenn wir die Hand nur dann reichen, wenn es uns passt. Wir sollten alle zusammenhalten, egal, welche Hautfarbe, Religion, Heimat und welcher Zeitpunkt. Es wird so lange weitergehen, wenn wir nur das sehen, hören und wahrnehmen, was wir wollen. Viele Dinge geraten leider in Vergessenheit, obwohl sie das gar nicht sollten. Und das liegt an uns. Um es mal klar auszudrücken: Es passiert viel Scheiße auf dieser Welt.

Es muss zuerst immer etwas passieren, bis die Existenz und Ernsthaftigkeit von Problemen realisiert wird. Damit die Menschen wachgerüttelt werden. Und dann ist das Geschrei groß. Und dann ist das Echo laut. Und dann sind die Folgen fatal. Es heißt ja, die Würde eines Menschen sei unantastbar. Das stimmt, allerdings leben auf der ganzen Welt Menschen. Und dementsprechend sollten wir uns alle verhalten – vor allem Politikerinnen und Politiker. Es zählt nicht nur das, was du sagst und was die Menschen darunter verstehen, sondern auch das, was du tust. Mittlerweile, so müsste man meinen, müssten wir verstanden haben, dass der Mensch zu allem fähig ist. Aber es gibt genügend Beweise, die dagegen sprechen. Und ich frage mich: Was muss noch alles passieren?

Jeder weiß es besser oder nicht

Es ist jedes Mal das gleiche, es ist immer wieder so.
Über die laute Stille bin ich manchmal echt froh.
Es ist egal, was passiert, es ist egal, worum es geht.
Egal wo wer sitzt, wo wer geht, ist und steht.
Alle schreien, alle brüllen, alle schimpfen,
um somit ein Chaos im Chaos zu schaffen.
Jeder weiß es besser als alle anderen, egal, ob der Postbote oder dein Mann.
Selbst dein Nachbar zeigt, dass er Möchtegernklugscheißen kann.
Über Nacht sind alle Experten und werfen mit allem um sich herum.
Kommentare, Beleidigungen, Besserwisserei, bis auch meine letzte Gehirnzelle keine Lust mehr darauf hat.
Egal, ob auf der Straße, auf Social Media oder im Fernsehen.
Ohne irgendwelche Einmischungen kann niemand mehr schlafen.
Jeder weiß es besser, jeder ist Experte, hat über Nacht zehn Studiengänge absolviert und eine ganze Bibliothek gelesen.
Und meint, dass Quellen wie Postillon seriös wären.
Ach ja, jeder weiß es besser, die Nase ganz nach oben gerichtet, gehen alle aufeinander los.
Am liebsten würde ich allen das Maul stopfen, und das mit Moos.

Wie im Kindergarten, als hätte man sich gegenseitig die Sandkastenform geklaut.
Und auf Social Media sich das der letzte Depp traut.
Egal, in welcher Sprache, egal, in welchem Land.
Und dann stellen sie Theorien auf, die selbst die Geschichten von Pippi Langstrumpf übertrumpfen.
Fangen bei dem eigentlichen Problem an zu klugscheißen und enden dann bei Peter Pan im Nimmerland. Da weiß man nicht, ob sie das eine Bier zu viel getrunken haben oder mit dem Möchtegern-Märchen die Nachfolger von den Gebrüdern Grimm werden wollen.
Und dann ist das Chaos größer als eh. Und dann fängt das Chaos in deinem Kopf an. Und dann sind alle verwirrt. Und dann weiß keiner, wo oben und unten ist. Und dann, wenn man es auch nur wagt, das Märchen zu kritisieren, beginnen sie deinen Seelenfrieden und dein Gedankenchaos zu strapazieren.
Aber an das Chaos der Mitmenschen denkt keiner, denn jeder weiß es besser. Jeder weiß es besser oder nicht.
Meinungsfreiheit, alles schön und gut, aber lasst lieber die wahren Experten Experten sein.
Offen und ehrlich die Meinung sagen, unterschiedlicher Meinung, alles schön und gut – aber zeigt lieber Solidarität und steckt eure Energie in relevantere Sachen.
Es ist jedes Mal das gleiche, es ist immer wieder so.

Über die laute Stille bin ich manchmal echt froh.
Es ist egal, was passiert, es ist egal, worum es geht.
Egal, wo wer sitzt, wo wer geht, ist und steht.
Alle schreien, alle brüllen, alle schimpfen,
um somit ein Chaos im Chaos zu schaffen.
Jeder weiß es besser als alle anderen, egal, ob der Postbote oder dein Mann.
Selbst dein Nachbar zeigt, dass er Möchtegernklugscheißen kann.

Fehlende Worte

Manchmal fehlen mir echt die Worte. Sie bleiben in meinem Hals stecken und bilden einen großen, schweren Kloß. Mit Stift und Papier versuche ich, diesen Kloß zu lösen und die fehlenden Worte zu finden. Um Gedanken und Fragen darzustellen. Gefühle und Emotionen auf Papier zu bringen. Aber die fehlenden Worte fehlen einfach.

Worte, die beschreiben, dass wir Menschen in den letzten Jahren die Ausfahrt verpasst haben. Worte, die ausdrücken, dass manche Menschen falsch abgebogen sind und wir uns auf einer Straße ohne Ende befinden. Worte, die sagen, dass wir seit Jahren im Kreisverkehr fahren. Dass wir die Orientierung und Menschlichkeit vergessen haben und vor lauter Problemen nicht wissen, welche Ausfahrt die richtige ist.

Worte, die zeigen, dass wir Menschen in den letzten Jahren anscheinend gar nichts verstanden und nichts dazugelernt haben.

Worte, die beschreiben, dass wir uns alle in einer Bubble befinden. Eine Bubble, die von außen in den schönsten Regenbogenfarben schimmert, um Menschen von dem Inneren zu blenden.

Worte, die ausdrücken, dass Menschen mit einem Tunnelblick die Welt sehen und sich nicht trauen, über den Tellerrand zu blicken. Worte, die meine Empörung und Wut ausdrücken. Darüber, dass

Menschen nichts Besseres zu tun haben, als andere Menschen zu bekriegen und zu beschimpfen. Gerade die Menschen, die für eine bessere Welt sorgen und an die Enkelkinder denken. Damit sie es leichter haben. Wenn ihr die Menschen doch nur mal lassen würdet!

Worte, die mein Verständnis ausdrücken. Mein Verständnis über die Menschen, die ungeduldig auf bunte und offene Veränderungen warten.

Worte, die fragen, warum Menschen sich immer noch für ihr Sein rechtfertigen müssen. Worte, die sagen, dass wir ein bestimmtes Jahr schreiben und der Mensch es immer noch nicht verstanden hat. Oder warum bestimmte Dinge immer noch Themen sind oder keine sind. Ganz ehrlich: Wenn wir nicht endlich mal aufwachen und WIRKLICH auf das richtige Ziel steuern, dann bringt es auch nichts zu sagen: „Wir schreiben das Jahr XY und Menschen werden immer noch diskriminiert."

Worte, die beschreiben, dass Schubladendenken genauso unsexy ist wie eine Steuererklärung und veraltete Rollenbilder in unseren Köpfen ein Upgrade vertragen könnten.

Worte, die vermitteln, dass ich einfach schreien möchte. Und zwar so laut, dass jeder Mensch wach wird. Und wir müssen endlich aufwachen. Lernen, die wesentlichen Dinge zu sehen. Tun wir das nicht, werden wir niemals die Ausfahrt finden.

Zwischen T-Shirts und Teppichen

Dienstag. Nachdem ich mir eine schöne warme Dusche gegönnt und meine Mitbewohner mit meinen schiefen Gesangseinlagen entertaint habe, gehe ich in mein Zimmer. Die Sonne strahlt, die Vögel zwitschern. Ach, ich fühle mich wie in einem Disney-Film. Gut gelaunt öffne ich meine Schubläden, um mir mein Outfit für den heutigen Tag zusammenzusuchen. Meine Hand greift nach einer weißen Mom-Jeans. „Bist du bescheuert – das kannst du niemals anziehen!“, schreit plötzlich eine Stimme. „Da schaut dein Babyspeck raus wie ein Rettungsring.“

Ich lege die Jeans zur Seite und nehme stattdessen meine zerrissene Jeans. „Aylin, was machst du da?“, schreit eine Stimme, die nach meiner Oma klingt. „Die Hose ist kaputt, so kannst du nicht rausgehen.“ Genervt hole ich meinen Skater-Rock hervor. „Richtig so, das ist doch mal etwas Weibliches. Das kannst du anziehen. Aber pass auf, dass er ja nicht zu kurz ist“, ruft eine Stimme.

Na gut, denke ich mir, dann eben die Oberteile. „Aber zieh bloß nicht dein Crop-Top an. Du darfst nicht zu viel Haut zeigen. Dann kannst du gleich mit deinem BH rausgehen und rumschreiben, dass dich alle auf deinen Körper reduzieren sollen.“

Als ich mein Oversized-T-Shirt vom Second-Hand-Shop, einen Disney-Pullover und ein dünnes langärmliges Oberteil mit Rollkragen auf mein Bett lege, summt die Stimme wie eine nervige Fliege in meinem Zimmer herum: „Oversized ist zu unweiblich und, bääääh, Second-Hand, ist das ekelhaft! Aus dem Disney-Alter bist du schon längst draußen. Zieh etwas an, was deinem Alter entspricht. Und Rollkragen ist echt too much!“

Nachdem die Stimme 15 Minuten lang meinen Kleiderschrank gedisst hat, habe ich die Nase voll! Geleitet von meinen Gefühlen und meiner Wut gehe ich in den Flur, nehme den langen, orangenen Teppich und stürme zurück in mein Zimmer. Ich wickle den Teppich um meinen Körper und ziehe meine weißen Turnschuhe an. Das Handtuch um meine Haare lasse ich so. Ich packe meine schwarze Tasche und ziehe meine grüne Jeans-Jacke an.

„So besser?!“, motze ich die Stimme an.

„Also farblich passt alles ja mal gar nicht zusammen. Und mach wenigstens etwas Schmuck zum Ablenken dran oder zieh Stöckelschuhe an, damit …“

„Ich habe nicht einmal Stöckelschuhe, weil ich sie megaunbequem finde und in ihnen nicht laufen kann!“, schreie ich wie eine Verrückte und verlasse das Zimmer. Nachdem ich fast in den Postboten reingelaufen wäre und mein Mitbewohner fragt, wo der orangene Teppich sei, den seine Großmutter ihm vermacht hat, mache ich mich auf den Weg zur U-Bahn-Station. Die Blicke der anderen Menschen interessiert mich nicht. Als ich ungeduldig auf die

Bahn warte, bemerke ich, wie sich eine Person neben mich stellt. Ein Mann, gekleidet mit einem Fahrradhelm, einem Schneeanzug, barfuß. Nachdem wir uns angeschaut haben, grinst er: „Na, auch so komische Stimmen beim Anziehen gehabt?“

Und die Moral von der Geschichte: Wenn die Menschen an Karneval das anziehen können, was sie wollen, können sie das an allen anderen Tagen auch. Zieht einfach das an, worauf ihr Bock habt: Egal, welches Alter und Geschlecht ihr habt.

Deeptalks of the year

I‘m on the streets, the raindrops are falling.
I close my eyes and start the dreaming.
It‘s summer, the sun is laughing at the sky,
we sit at our spots, happy and high.
Opening our heart and souls, your voice is what I want to hear,
all i want with you are deeptalks of the year.
I like to see your world and feel your pain,
oh baby, there are lots memories I want to gain.
Knowing the reasons behind your tears and smile,
doesn‘t matter if we are five minutes apart or a mile.
What caused your inner scars and the sun inside of you.
I want us to open our certains and show ourselves,
and entrust you with things that I only hide in my bookshelves.
Talking about things that the cool kids would look at us stupid for,
although the clock reminds us of the four.
Opening our heart and soul, your voice is what I want to hear,
all I want with you are deeptalks of the year.

Der Social Media-Führerschein

Hallo,

mein Name ist NaDe und ich führe Sie heute durch das Programm des Social Media-Führerscheins. Am Ende von diesem Programm wird entschieden, ob Sie für die Nutzung sozialer Medien geeignet sind – wir lernen aus unseren Fehlern. Sie müssen mindestens 70 von 100 Punkten erreichen, um die Lizenz zu erlangen. Die Prüfung besteht aus zwei Teilen. Im ersten Teil müssen Sie unter anderem Multiple-Choice-Fragen beantworten, Bilder beschreiben, sich selbst einschätzen und auf bereits existierende Postings reagieren.

Im zweiten Teil der Prüfung möchte ich Sie bitten, keinen Panikanfall oder Schweißausbrüche zu bekommen. In diesem Part scheitern, laut einer Statistik, 70% aller Prüfenden. Ich weiß, es heißt „Glaube keiner Statistik, die du selbst nicht gefälscht hast", aber Sie haben keine andere Wahl, als uns zu glauben. Im zweiten Teil wir Ihr Können beim Formulieren konstruktiver Kritik getestet. Bitte bedenken Sie dabei, dass Sie bei diesem Prüfungsteil eine große Gefühlsachterbahn durchlaufen werden. Falls Sie nach diesem Part jemanden anrufen wollen, können Sie gerne für zehn Minuten pausieren und den Schalter mit dem Telefon betätigen. Taschentücher, Gummibärchen oder einen Stressball müssen

Sie selbst organisieren. Ich bin ein Programm und nicht Ihr Butler.

Bevor es mit dem Test losgeht, müssen Sie zunächst einige Fragen beantworten. Aber keine Sorge: Fragen wie über ihr Geschlecht müssen Sie nicht beantworten, denn Dummheit und Inkompetenz kennt keine Geschlechter. Sie müssen auch keine Fragen über Ihre Sexualität beantworten, denn mit wem Sie Pyjamapartys veranstalten, interessiert uns nicht. Auch andere Attribute wie zum Beispiel Hautfarbe, Herkunft oder Gewicht sind uns Jacke wie Hose. Wenn schon Menschen nicht gleichgültig sein können, dann wenigstens die Technik. Bevor Sie auf WEITER klicken, gehen Sie noch einmal tief in sich und überlegen, ob Sie überhaupt in der Lage sind, diesen Test zu absolvieren. Falls Sie schon nicht in der Lage sind, einen humanen und konstruktiven Umgang mit Ihren Mitmenschen im realen Leben auf die Reihe zu bekommen, dann werden Sie es unter einem Instagram-Bild oder in Direct-Messages mit einer sehr hohen Wahrscheinlichkeit auch nicht hinbekommen. Auch wenn Sie im Alltag die Definitionen von Toleranz, Respekt, Offenheit, Vielfalt und Gleichgültigkeit nachschlagen müssen, sollten Sie diesen Test nicht machen.

Ich wünsche Ihnen viel Erfolg!
NaDe

Wenn ich in deine Augen sehe

Stille.
Nur das Ticken der Uhr.
Das Rauschen des Meeres.
Das Rascheln der Blätter, die im kühlen Wind um die Wette tanzen.
Ich habe das Gefühl, die Zeit bleibt stehen, wenn ich in deine Augen sehe.
Mein innerer Sturm, er beruhigt sich und wird von Sekunde zu Sekunde leiser.
Mein Herz, es pocht aufgeregt gegen meinen Brustkorb und lässt mich lebendig fühlen.
Wenn ich in deine Augen sehe, vergesse ich alles um mich herum.
Ich vergesse für diesen Augenblick den Hass, der sich auf dieser Welt befindet.
Die Dunkelheit, die herumschleicht.
Ich vergesse all den Trouble und die Lautstärke, die uns täglich zu begleiten scheinen.
Ich vergesse für diesen kurzen Moment die Tränen, die wir und die Menschen um uns herum vergossen haben.
Die Unterdrückung und Ungerechtigkeit auf dieser Welt.
Meine eigenen Narben und die des Planeten, welchen wir als Heimat bezeichnen und dem wir immer mehr Narben zufügen.

Ich vergesse für diesen kostbaren Moment all die Gewalt auf dieser Welt.
Den Schmerz und die bitteren Realitäten, denen wir ausgeliefert sind, die wir verdrängen wollen und vor denen wir versuchen davonzulaufen.
Ich sehe in deine Augen und spüre keinen Druck.
Den Druck, mich rechtfertigen zu müssen, mich verteidigen zu müssen, mich verstellen zu müssen.
Denn, Baby, wenn ich in deine Augen sehe, sehe ich das Licht am Horizont, auf das alle warten: Liebe und Hoffnung.

Nachts im Gedankenchaos

Wir kennen das doch alle: Man sitzt abends oder nachts im Bett und auf einmal schwirren einem Hunderte Gedanken im Kopf herum. Oder man sitzt im Bus und plötzlich ist er da, dieser Gedanke. Ich habe mir einige Gedanken aufgeschrieben und möchte sie euch vorstellen.

- Menschen lieben es zu reisen, aber sollten die Reise zu sich selbst nicht vergessen
- Auch innere Narben erzählen Geschichten
- In einer Welt, die so laut und stürmisch ist, versuchen wir Ruhe zu finden
- Heilung ist mutig
- Zeit wird unterschätzt
- Alleinsein ist das schlimmste Sein
- Egal, ob du 15 oder 80 bist: Jeder Mensch hat ein inneres Kind
- Es ist nicht einfach, ein Teenager zu sein
- Perfektionismus kann einen zerstören
- Glück ist eine lange Reise
- Ein Mensch hat so viele Seiten und Facetten, dass er gar nicht in eine Schublade passt
- In einer Welt, wo so viel Platz ist, tun sich viele Menschen schwer, einen zu finden
- Laut der Gesellschaft ist es normal, bei körperlichen Schmerzen zum Arzt zu gehen – macht

man das bei seelischen Schmerzen, ist das komisch

- Du kannst vieles auf der Welt sehen, aber Menschlichkeit scheint eine Seltenheit zu sein
- Wenn du dich in einem Umfeld verstellen musst, bist du dort nicht richtig
- Du begleitest dich dein Leben lang. Also sei immer ehrlich und gut zu dir selbst
- Ich glaube, es ist nicht die Dunkelheit an sich, die einem Angst macht, sondern die Tatsache, dass man nicht sehen kann, was vor einem liegt
- Viele Wege = schwierige Orientierung
- Jeder Mensch hat seine eigene Geschichte, also verurteilt nicht so schnell
- Wir brauchen definitiv mehr Therapieplätze
- Du kannst die Liebe deines Lebens gefunden haben, aber die schönste und reinste Liebe sollte die zu dir selbst sein
- Wir sind noch lange nicht an dem Punkt, wo jeder Mensch so sein kann, wie er möchte
- So lange reden und bewegen, bis es kein Tabu mehr ist
- Jeder Mensch hat das gleiche Recht auf Bildung
- Menschen nehmen Kredite auf, wenn sie Geld brauchen, um ein Haus zu bauen. Vielleicht sollte man so was Ähnliches auch machen, wenn man Seele, Verstand und Menschlichkeit braucht

- Schubladen haben zwar ihren Ursprung, sind aber die falsche einfache Lösung. Falsch, weil ein Mensch viele Seiten hat und deshalb niemals in eine Schublade passt. Einfach, weil es uns auf bequeme Art das Hinterfragen und Nachdenken erspart
- Wir nehmen so viel aus der Natur und unseren Vorstellungen in die Zivilisation, die dadurch erträglicher und lebbarer zu werden scheint. Dennoch realisieren wir nicht die brennenden und dunklen Spuren, die wir hinterlassen – wegen unseres unstillbaren Durstes nach der Verwirklichung unserer fehlerfreien Perfektion
- Eigentlich ist es einfach: Diversity = Reality, divers = realistisch, Diverser = Realistischer. Zudem gibt es bei dem Thema kein „wir“ und „die anderen“, sondern nur ein „Uns“
- Nicht du musst der Kleidung passen, sondern die Kleidung dir. Deshalb zieh das an, worauf du Bock hast
- Wäre der Planet ein Mensch, hätte er viele Wunden und Narben. Wird mehr als Zeit, dass wir ihn heilen
- Aufklärung darf nicht nur in Form von Sexualunterricht stattfinden
- Fundamentale Menschenrechte müssen selbstverständlich sein und garantiert werden

Sei wie ein Kind …

Warum sollte man Männern keine Blumen schenken dürfen?
Warum darf eine 65-Jährige keinen Minirock tragen?
Warum darf man als Mutter nicht arbeiten gehen?
Warum muss sich eine Frau rechtfertigen, wenn sie Kopftuch trägt?
Warum muss man sich rechtfertigen, wenn man keinen Alkohol trinkt oder nicht gerne in Clubs geht?
Warum ist ein Mann weniger männlich, nur weil er weint und Gefühle zeigt?
Warum ist es immer noch Thema, wenn man eine Geschlechtsumwandlung hatte?
Warum sollte man nicht offen und ehrlich über Abtreibung reden dürfen?
Warum reden die Menschen nicht mehr miteinander, sondern übereinander?
Warum muss man mit 30 verheiratet sein, Haus bauen und Kinder kriegen?
Warum können wir nicht lernen, Social Media richtig zu nutzen?
Schlechter Tag, schlechte Laune, es wird einem alles zu viel, Zweifel plagen einen: Warum vergessen wir, dass so was menschlich ist?
Warum schreien wir nach Frauenpower, aber gönnen der Arbeitskollegin die Beförderung nicht?

Warum kann man nicht das Glück und Wohlbefinden von anderen akzeptieren?
Warum kann der Mensch nicht über den Tellerrand schauen?
Warum nutzt man Aussehen, Hautfarbe und sexuelle Orientierung als Zielscheibe für Hass?
Warum ist es für die Gesellschaft schwierig zu verstehen, dass sich alles weiterentwickelt?
Warum kann man veralteten Rollenbildern, Systemen und Bildern kein Upgrade verpassen?
Warum legen Menschen so viel Wert auf Konsum, Geld und Material?
Warum fühle ich mich so, als hätten wir die Ausfahrt verpasst, obwohl wir unsere Bubble so perfekt als Bubble nutzen?

Sei wie ein Kind – (hinter)frage alles …

Koexistieren – kriegen wir das hin?

Koexistieren – in den vergangenen Monaten habe ich das Wort oft gelesen oder gehört. Auch wenn viele Menschen dem Wort wenig Beachtung schenken und die Existenz dieses Wortes für sie selbstverständlich ist, hat es eine unglaublich wichtige Bedeutung. Eigentlich wenig verwunderlich, wenn man bedenkt, dass selbst existenzielle Bedingungen wie Essen, Bildung oder Wasser für viele normal geworden sind und ein kleines Kind aus einem entwicklungsarmen Land alles dafür tun würde, um lesen zu können. Wie soll da ein Wort für uns von Bedeutung sein, welches das Existieren der Zivilisationen in ihrer aktuellen Form beschreibt?

Das friedliche und unabhängige Miteinander oder Zusammenleben trotz verschiedener Systeme, Kulturen und Menschen – oder, wie ich gerne sage: mit statt „trotz". Gerade in unserer Zeit entscheidend für unsere Gegenwart und für die Zukunft der Menschen, die irgendwann vor unseren Grabsteinen stehen werden. Anstatt zu verlangen, dass alles gleich ist, sollten wir vielmehr die bunte Vielfalt unserer Welt schätzen und beschützen. Lernen, zu akzeptieren und uns auszutauschen, neugierig zu sein. Es wäre doch megalangweilig, wenn alles gleich wäre, oder? Unsere Welt ist bunt und das ist gut so. Und die Vorstellung einer eintönigen Welt ist kompletter Schwachsinn.

Ach, was haben wir Menschen nur für Fehler gemacht in der Vergangenheit. Festgehalten in Geschichtsbüchern und anderen Medien, die uns mit einem Blick auf heute zeigen, dass wir nichts aus den Fehlern gelernt haben. Unzählige Beweise, die zeigen, dass wir sowohl in verstaubten alten Büchern als auch heute auf der Straße Taten begehen und Entscheidungen treffen, die das Koexistieren erschweren. Vielleicht liegt es aber auch daran, dass der Mensch gerne verdrängt oder ein Gewohnheitstier ist – und Fehler zur Gewohnheit werden. Ein weiterer Grund wäre wahrscheinlich, dass viele Menschen mit Scheuklappen durch die Gegend laufen und nur das sehen, was sie sehen wollen.

Einstellungen, die sich in unserem Kopf und Handeln widerspiegeln. Meinungen, Systeme, und Richtlinien, die gegen die Menschlichkeit sprechen – und gegen die Koexistenz. Fehler, für die unschuldige Menschen bezahlen müssen, auch in Form von Schubladendenken und Vorurteilen. Ist ja für den Menschen die einfachste Lösung, wenn auch falsch. Einfach, weil es das Nachdenken und Hinterfragen erspart. Falsch, weil ein Mensch vielseitig ist und deshalb niemals in eine Schublade passt. Zugegeben wir befinden uns schon in einer Welt, die mit

Eierschalen gepflastert ist. Das macht das Kommunizieren und Meinungsäußern nicht gerade einfach. Oder, anders gesagt: Wir haben verlernt, zu kommunizieren und konstruktive Meinung zu äußern.

Dass alleine in einer Zeit, in der es E-Autos auf dem Markt und künstliche Intelligenz gibt, immer noch – egal, wo – Wert gelegt wird, ob jemand transsexuell oder schwul ist. Ob man Christ ist oder nicht. Welche Hautfarbe und Nationalität man hat. Als was man sich identifiziert. Für mich ist der Schlüssel Respekt und Wertschätzung. Nicht erst dann wertschätzen, wenn man etwas auf politischer, wirtschaftlicher, gesellschaftlicher oder wirtschaftlicher Ebene braucht. Und ein wenig Gleichgültigkeit. Ist doch völlig egal, ob der coole Arbeitskollege auf Männer steht oder eine tolerante und weltoffene Nachbarin aus Russland kommt. Nur so kann eine bunte Menge aus verschiedenen Individuen koexistieren. Wir müssen uns respektieren und weiterentwickeln, weil die Vielfalt auf unserem Planeten nicht verschwinden wird. Gut, jetzt, wo ich mir den letzten Satz noch mal durchlese, könnten wir Menschen schon dafür verantwortlich gemacht werden, dass unsere bunte Welt irgendwann im Schatten unseres Seins untergehen wird.

Aber mal unter uns: Wenn wir schon keinen Respekt vor Mutter Natur und Tieren haben, wie sollen wir Menschen dann Respekt vor unserer eigenen

Spezies haben? Wenn wir uns schon mit dem Koexistieren mit Pflanzen und Tieren schwertun – wie sollen wir Menschen es jemals schaffen, untereinander friedlich zu leben?

Ein Mensch macht Fehler. Aber irgendwann kommen wir an den Punkt, wo wir nicht mehr daraus lernen können, wenn wir nicht endlich aufwachen. Wo es kein „in der Zukunft“ gibt. Wo das Scheitern der Koexistenz die sterbende Blüte unseres eigenen Untergangs sein wird.

Lost im Kopfkino

Ich sitze in der Bahn und schaue aus dem Fenster,
meine Kopfhörer kapseln mich von der Realität ab
und holen sie zurück, meine Vergangenheitsgespenster.
Ich funktioniere in meinem Alltag, Location: Wäschekeller,
selbst beim Bügeln bin ich der Main-Charakter, cooler und schneller.
Ich schließe die Tür auf und bin endlich allein,
Stille, Ruhe, Gedanken – so soll es sein.
Ich liege in meinem Bett und schließe die Augen,
schalte den Kopf an und lass mein Kopfkino laufen.
Jeden Tag eine andere Premiere, ein anderer Film,
die meine Fantasie und meine Gedanken befüllen.
Wie ich die Superheldin bin und die Welt rette,
als Agentin durch die Gegend ziehe, aber nicht als die Nette.
Ein Sprung in die Vergangenheit, in die gute alte Zeit,
wie wir tanzten in der Sonne, du in Bluejeans und ich im Kleid.
Als wir in der Pause unser Pausenbrot geteilt haben,
im Sandkasten spielten und dort den Piratenschatz ausgegraben haben.
Flashbacks über unsere Gespräche, auf dem Parkplatz stundenlang,

über Gott und die Welt, mit einem Red Bull in der Hand.
Den Ursprung meiner inneren Narben und meine tiefsten Fälle,
verloren in meinen Gedanken, sie springen rum wie Gummibälle.
Lasse alles auf mich wirken, selbst den Alltag,
in meinen Kopfkinos führe ich Regie, so wie ich es mag.
Bilder, Erinnerungen, Stimmen und Fragen,
wieso, weshalb, warum oder was passiert, wenn wir es wagen?
Überdenken, nachdenken, grübeln, hinterfragen,
zu viel denken, träumen, schwelgen, ausdenken.
Vergesse alles um mich herum, ich bin mittendrin, fühle es,
Gelächter, Herzklopfen, Tränen und Schmerz.
Mitten in meinen Kopfkinos, in meinem Gedankenchaos,
obwohl ein Durcheinander herrscht, bin ich hier der Boss.

Die Spuren der Vergangenheit liegen in der heutigen Zukunft

Gerade heutzutage finde ich es wichtig, Systeme, Weltansichten und Strukturen zu verstehen. Zu hinterfragen. Logisch, oder?

Schließlich werden nach Veränderungen, Gerechtigkeit und Weiterentwicklungen gefordert. Meinungen werden lautstark in die Welt hinausposaunt, ähnlich wie wenn es auf einem Basar ein Kilo Tomaten zum halben Preis gibt. Es ist wichtig, Ursprünge zu verstehen und sich zu bilden.

Wenn wir die Vergangenheit nicht verstehen, verstehen wir das Hier und Jetzt – die Gegenwart – nicht und verstehen die Bewegungen nicht. Was vergangen ist, ist vergangen – das kann man nicht mehr ändern. Festgemeißelt. Aber alles baut aufeinander auf. Die Gegenwart hat ihre Spuren in der Vergangenheit, die der Zukunft liegen in unseren Händen.

Heutzutage sind immer noch gewisse Ansichten und Bilder in unseren Strukturen und Systemen verankert, die rassistisch sind. Gegen Gleichberechtigung und Diversity sprechen. Stereotypen und Klischees reproduzieren. Weitergegeben werden und sich in den Köpfen festgesetzt haben. Einfach gegen Respekt und Menschenwürde. Da gibt es nichts zu beschönigen. Gut, vielleicht liegt es auch daran, dass manche Menschen einfach nicht dazulernen und tolerant sein wollen und dass es schwierig ist, festgefahrene Ansichten, die Jahrzehnte überlebt haben, von jetzt auf gleich vollständig verschwinden zu lassen.

Natürlich sollte man die Möglichkeiten schätzen, die man hat. Die schönen und positiven Dinge sehen. Aber die Negativität auf unserer Welt existiert eben auch. Und das muss man verstehen.

Ich finde, dass wir dieses Hinterfragen oder über den Tellerrand blicken verlernen. Warum? Wieso? Wo kommen die Ursprünge her? Warum macht ein Mensch das? Was sind seine Beweggründe? Mich regt das auch auf, dass sich der Vorgang wiederholt, sich gewisse Aspekte rauszupicken und dann alles zusammenzureimen, wie es einem passt. Das ist nicht richtig und auf eine gewisse Weise respektlos.

Wir müssen verinnerlichen, dass wir Zusammenhänge und Hintergründe verstehen müssen. Das, was uns gezeigt wird, was wir sehen, was wir hören.

Warum gewisse Dinge so sind ,wie sie sind – oder ob sie wirklich so sind, wie sie uns vorgegeben werden, oder ob andere Menschen nur wollen, dass wir sie so sehen.

Illusionen. Auch die Frage: Kann das wirklich so sein?

Einfach dieses Nachdenken und Mitdenken.

Und diese Schnelllebigkeit heutzutage! Ist euch das mal aufgefallen?

Aufmerksamkeit und Ungeduld werden zu Fremdwörtern. Alles muss innerhalb von Minuten passieren. Der Ton verändert sich. Ich merke das auch in den sozialen Medien oder bei der Berichterstattung. Es gibt nur schwarz und weiß, kein Grau, keine Zwischenzonen. Alles muss schnell geschehen und das auch noch so kurz wie möglich. Ich finde, dass es irgendwann keine langen Texte mehr geben wird und Inhalte in Form von einer Überschrift und maximal drei Absätzen wiedergegeben werden. Vielleicht färbt diese Entwicklung auch auf andere Bereiche ab. Aber wie soll man zum Beispiel gesellschaftliche Strukturen innerhalb von zwei Wochen verändern, die sich seit Jahrhunderten festgesetzt haben und aus Gewohnheit weitergegeben werden? Durch Geduld. Stärke. Reden. Füreinander einstehen. Zuhören. Den Tatsachen und der Realität ins Auge blicken, egal, wie schlimm sie auch sein mag. Gewisse Dinge sind in der heutigen Zeit unvorstellbar – aber leider gab es auch Zeiten, in denen das nicht der Fall war.

Vielleicht werden Menschen deswegen ungeduldiger: Weil man Menschen viel früher hätte zuhören und etwas ändern sollen – und sich fragen: „Was muss noch alles passieren, um zu zeigen, dass wir ernsthafte Probleme haben und endlich unseren Allerwertesten Richtung Veränderung schwingen müssen? Wann tun Politikerinnen und Politiker endlich was, wann wachen sie endlich auf?“ Bei Dingen wie Umwelt zum Beispiel braucht es einfach den Einsatz der Regierung. Und wenn die Menschen eben nicht auf die Regierung bauen können, dann … na ja, ihr seht es ja selbst.

Veränderungen im Bereich Erziehung und Bildung könnten auch nicht schaden. Nein, es KANN nicht schaden. Geschlechterklischees zum Beispiel entstehen bereits als Kind, die man allerdings als Elternteil in jungen Jahren abbauen kann. In schulischen Einrichtungen wird nur am Rande über die Lage in Afghanistan oder die kritische Menschenrechtslage in Katar gesprochen. Einer meiner größten Wünsche ist es, dass es die Generationen nach uns besser haben.

Wir befinden uns aktuell in einer Zeit, wo wir uns ausprobieren und uns darüber im Klaren sind, dass wir Veränderungen brauchen. Auch wenn es manchmal schwierig ist, in der lauten Welt sichtbar zu sein und gehört zu werden. Mittlerweile kann ja gefühlt jeder Mensch seine Meinung äußern und diese der Öffentlichkeit zur Schau stellen. Da kann einem die Orientierung oder das „Auf sich aufmerksam machen“ schon schwerfallen. Es gibt Menschen, die einfach am längeren Hebel sitzen – darüber müssen sie sich im Klaren sein und sich ein Bewusstsein darüber schaffen, was für tolle Dinge sie eigentlich bewirken könnten. Welche Denkanstöße sie geben können.

Der Schlüssel für eine bessere Zukunft ist es, zu kämpfen und weiterzumachen. Und das alle gemeinsam. Wir müssen zusammenhalten, Hand in Hand einstehen. Und das liegt gerade an den jüngeren Leuten (in meinem ersten Buch habe ich bereits einen Text über meine Generation geschrieben). Wir wollen Gerechtigkeit. Wir müssen nicht nur an uns denken, sondern auch an die Menschen nach uns. Wir dürfen die Hoffnung an eine bessere Zukunft nicht verlieren. Weil es sich immer lohnt zu kämpfen.

Aufstehen

Der Wecker klingelt und reißt mich aus meinem Traum,
ich öffne die Augen, gleiches Bett, gleicher Raum.
Der Tag, es geht wieder von vorne los,
vor Minuten war alles besser, ich lag auf meinem Traumfloß.

Kaffee in meiner Tasse, schwarz und ohne Zucker,
erweckt mich zum Leben so wie Brezen mit Butter.

Es regnet und das seit sieben Tagen,
in der Glotze die gleiche Scheiße, kaum zu ertragen.
Unplausible Aussagen und Stimmen, die schrei'n: „Kaufen, kaufen, kaufen, dieser Toaster ist bald dein."
Drücke auf den roten Knopf, um meinen Kopf zu beruhigen,
schmeiß die Fernbedienung gegen die Wand, anstatt sie wegzulegen.

Kaffee in meiner Tasse, schwarz und ohne Zucker,
erweckt mich zum Leben so wie Brezen mit Butter.

Warme Wassertropfen, die meine Haut berühren,
kleiner Zeh gegen die Tür, meine Zünde sie schnüren.
Indigné ziehe ich meine Klamotten an,

Pulli auf die Beine und Hose obenran.
Ich hole tief Luft und betrete das Freie,
schreibe diese Zeilen, während ich den Bäcker an-
schreie:

Kaffee in meiner Tasse, schwarz und ohne Zucker,
erweckt mich zum Leben so wie Brezen mit Butter.

Licht im Dunkeln

Ich habe meinen letzten Stift in der Hand,
vor mir Seiten, die ich mit meinen Gedanken beschmiere.
Draußen dämmert es, das Sonnenlicht verschwindet.
Plötzlich, wie aus dem Nichts, musste ich an dich denken,
an deine Schmerzen, deine Verzweiflung, deine Leere,
und habe beschlossen, dir Licht im Dunkeln zu schenken.

Ich weiß, dass du dir denkst, warum ich?
Womit habe ich das verdient, wieso muss mir das passieren?
Was ist das für ein Schmerz, der unerträglich ist?
Was ist das für eine Kälte, die mich nicht mehr atmen lässt.
Woher diese Leere, die mich nichts mehr spüren lässt.
Wo ist die Hoffnung, die aus der Welt verschwindet.
Wann endet die Tränenflut, die meine Seele durchnässt?

Diese Worte sollen eine Umarmung sein,
dir Hoffnung und Orientierung schenken.

Ich weiß, es ist schwer und du hast Angst,
diese Zeilen sind dein Kissen, wenn du nicht mehr kannst.
Ich verstehe deine Verzweiflung und deinen Schmerz,
deine Wunden, die sich befinden auf Seele und Herz.
Du fühlst dich vor den Kopf gestoßen
oder verstehst die Welt nicht mehr.

Damit sie verheilen und du wieder lachen kannst,
diese Leere in deine Erinnerungskiste verbannst,
schenke ich dir Licht im Dunkeln.
Um dir zu sagen: „Das ist nicht das Ende.“
Es ist zum Greifen nah!
Ich verspreche es dir, denn ich war bereits da.

Diese Sätze sollen dir Wärme schenken,
und deine Zweifel in das Licht lenken.
Nimm meine Hand und hab keine Angst,
wir schaffen das gemeinsam.
Ich weiß, das Leben ist wie eine Achterbahnfahrt,
die einem manchmal alles abverlangen kann
und durch die man vor lauter Dunkelheit
die Orientierung verliert.

Der Tag, an dem alles gut wird
und die Dunkelheit nach dem letzten Atemzug stirbt.

Du mit den Farben um die Wette strahlst,
die Sonne aufgeht und alles zur Erinnerung verblasst.
Egal, was passiert ist und noch passieren mag.
Denn eines Tages tanzen wir wieder lachend auf den Straßen und lassen die Sonnenstrahlen in uns scheinen.

Dienstagabend

Es ist Dienstagabend. Ich sitze mit meinem Laptop in der Küche und lese mir das Manuskript meines zweiten Buches durch, verändere hier und da mal was. So wie in vielen Talkshows auch schweife ich vom Eigentlichen ab – allerdings in Gedanken. Was schreibe ich in den nächsten Büchern? Wieder Kurzgeschichten? Gedichte? Wird es vielleicht doch ein Fantasy-Roman? Fragen über Fragen.

Ich blicke auf die andere Seite des Tisches – schon setzt meine Fantasie ein. Prinz Augustiner, so wie er leibt und lebt. Seit Jahren ist er unsterblich in Prinzessin Paula(ner) verliebt – aber sie sind zu unterschiedlich und passen nicht zusammen. Obwohl sie starke Gefühle füreinander hegen, handelt es sich nur um eine tragische verbotene Liebe.

Beim Anblick des unglücklichen Paares fällt mir ein, dass ich noch Wasserflaschen von unten holen muss – oder anders gesagt: Ich muss sie von den Zwängen des Kaisers Keller befreien.

Auf dem Herd stehen Ritter Pfanne und Herzog von Topfnuss, die vorher in der großen Schlacht des Kochens gegeneinander gekämpft haben. Wegen des heißen und überkochenden Nudelwassers konnte Ritter Pfanne den Kampf um das Königreich Küchenburg für sich entscheiden. Im Obstkorb sind die Mädels Apfel, Zitrone und Birne. Sie sind eigentlich beste Freundinnen und unzertrennlich – bis die Banane neu zur Schule Obstkorb kommt und allen Mädchen den Kopf verdreht. Ein Kampf um die Aufmerksamkeit des gut aussehenden Mannes beginnt.

Mein Blick ist nun auf meinen Laptop gerichtet. Täglich kämpfen die Buchstaben der Stadt Laptopus um die Gunst der Herzogin Microsofta Wordalia. Doch bei der bunten Vielzahl an Buchstaben kann sie sich nie entscheiden. Manchmal knockt sie durch die Löschen-Taste einige ihrer Liebhaber aus, wenn sie will.

Draußen auf den Straßen steht der jährliche Tanz in den Herbst an. Blätter in den verschiedensten Farben und Größen tanzen um die Wette und werden vom Wind durchgewirbelt. Mal ein langsamer Walzer, mal ein temperamentvoller Tango – oder ein Flashmob. Hier wird wirklich alles geboten.

Nachdenklich speichere ich meinen Zwischenstand ab und klappe den Laptop zu. Meine Füße tragen mich kurz ins Wohnzimmer, wo Familie Kissen bereits in ihren Kinostühlen sitzt und sehnsüchtig auf den Anfang des Films wartet. Im Regal stehen hunderte CDs, die sich immer noch nicht darauf einigen können, wer das erste Lied auf dem Wohnzimmerkonzert spielen darf.

Nachdem ich das Schlafzimmer betreten habe, fällt es mir wie Schuppen von den Augen. Ich klappe meinen Laptop wieder auf und beginne zu tippen.